Em busca da
ESPIRITUALIDADE

James Van Praagh
Autor de ***Conversando com os Espíritos***

Em busca da ESPIRITUALIDADE

7ª Edição

SEXTANTE

As experiências individuais narradas neste livro são verdadeiras. Entretanto, os nomes e outros detalhes descritivos foram alterados para proteger as identidades das pessoas envolvidas.

tradução
Maria Claudia Coelho e Pedro Luiz Vasques Ribeiro

capa
Raul Fernandes

prepraro de original
Regina da Veiga Pereira

revisão
Sérgio Bellinello Soares e Elizabete Lins Muniz

fotolitos
Mergulhar Serviços Editoriais Ltda.

impressão
DONNELLEY - COCHRANE GRÁFICA EDITORA DO BRASIL - UNIDADE HAMBURG

CIP-BRASIL. CATALOGAÇÃO-NA-FONTE.
SINDICATO NACIONAL DOS EDITORES DE LIVROS, RJ.

V297e Van Praagh, James
Em busca da espiritualidade / James Van Praagh ; [tradução Maria Claudia Coelho e Pedro Luiz Vasques Ribeiro ; capa Raul Fernandes]. – Rio de Janeiro : Sextante, 1999

Tradução de: Reaching to heaven
Relacionada com: Conversando com os espíritos
Inclui bibliografia
ISBN 85-86796-19-0

1. Mediunidade. 2. Espiritualidade I. Título

99-0279 CDD 133.91
CDU 133.7

Editora Sextante (GMT Editores Ltda.)
Av. Nilo Peçanha, 155 – Gr. 301 – Centro
20020-100 – Rio de Janeiro – RJ
Tel.: (021) 240-6306 – Fax: (021) 524-6755
Central de Atendimento: 0800 22 6306
E-mail:salvend@openlink.com.br

Para Regina, minha mãe

Cujos olhos me mostraram a beleza do céu;
Cujas palavras me ensinaram a linguagem dos anjos;
Cujas canções compartilharam a música dos coros celestiais,
E cujo amor me aproximou do rosto de Deus.

Índice

Prefácio à Edição Brasileira

Gosto de olhar para o céu todos os dias, agradecendo a Deus por ter me concedido o privilégio de servir a humanidade através do meu trabalho. Vejo-o como um serviço, e a mim mesmo como uma espécie de farol. Sinto que minha missão é tentar iluminar os corações e as mentes, transmitindo a convicção de que não apenas somos eternos, mas que cada um de nós é impregnado pela mesma Luz Divina. Essa luz brilha tão intensamente, que o meu desejo é fazer com que todos experimentem e sintam a paz e alegria extraordinárias que ela transmite. Tenho certeza de que somos perfeitamente capazes de entrar em contato com essa Luz. Basta usar todos os dias uma parcela do nosso tempo para vê-la e captar suas mensagens.

Há alguns anos, registrei minhas experiências em meu primeiro livro, *Conversando com os Espíritos.* Depois de sua publicação, fui abençoado com a oportunidade de viajar por muitos países, divulgando o que recebo dos espíritos. Durante minhas viagens, encontrei vários líderes espirituais, médiuns e pessoas que têm o dom de curar, todos eles engajados em comunicar essa Luz Divina. Mas foi depois de doze horas de vôo, há cinco anos, que conheci um país onde pude testemunhar a presença concreta dessa Luz.

Os espíritos têm aberto muitas portas para mim, mas certamente foi no Brasil que tive acesso a uma das experiências mais profundas e gratificantes. Assim que cheguei, a beleza da natureza causou-me um forte impacto, dando-me a sensação de estar em uma terra abençoada. Esse sentimento foi reforçado pela visão dos rostos e do olhar dos brasileiros. Em nenhum outro lugar a expressão "os olhos são a janela da alma" tornou-se tão evidente. No Brasil não tive dificuldade com a barreira da língua, porque as pessoas que encontrei não expressavam a linguagem da boca, mas a voz da alma.

Nos meus encontros com os brasileiros, há uma sintonia imediata, pois eles já estão em busca do autoconhecimento e da consciência do seu eu mais profundo. A forte sensação que tenho, cada vez que visito o Brasil, é de extrema familiaridade com o país e com seu povo. O calor da acolhida me faz sentir absolutamente em casa. Por que será isso? Acho que é pelo fato de o povo brasileiro possuir um dom que se faz cada vez mais raro neste mundo: a FÉ. A sabedoria dos brasileiros não vem dos livros, mas das lições aprendidas com o coração, pois é um povo que capta a realidade sobretudo através do afeto, e é capaz de enfrentar as adversidades com extrema coragem e desejo de crescimento.

Vocês, brasileiros, são grandes professores, e sua matéria principal é a condição humana. Voltei várias vezes ao Brasil, e falei deste país e de seu povo por todas as partes onde andei. As pessoas que trouxe comigo, em excursões espirituais, voltaram transformadas. Foram tocadas pela beleza da natureza e pela riqueza dos corações.

Quero agradecer-lhes profundamente por terem aberto seus braços e corações para mim. As cartas que recebo, confirmando o trabalho dos espíritos, são de grande importância. Vocês sabem muito bem como é difícil abrir a mente fechada dos que têm carência espiritual. Mas eu acredito que se cada um de nós fizer a sua parte, promovendo a descoberta da Luz Divina para o maior número de pessoas em nossos países, o planeta em que vivemos será iluminado e teremos construído a verdadeira PAZ NA TERRA

James Van Praagh
Março 1999

Prefácio

I shall be telling this with a sigh
Somewhere ages and ages hence:
Two roads diverged in a wood, and I –
I took the one less traveled by,
And that has made all the difference.[1]

– Robert Frost,
The Road Not Taken

Comecei a minha jornada espiritual no início dos anos oitenta, e naquela época eu não tinha idéia do que aprenderia ou de como poderia usar na minha vida cotidiana as percepções recém-descobertas. Eu nunca pensara em mudar-me para Los Angeles, nem planejara seguir uma carreira de médium. Mas quando a porta para os reinos espirituais se abriu e eu a cruzei, senti que o universo me convocara para o meu destino. Logo percebi que meu dom mediúnico devia ser usado para servir aos outros. Com o conhecimento e a compreensão de

[1]Estarei contando isto com um suspiro,/Em algum lugar daqui a muitas eras:/Duas estradas se bifurcavam numa floresta, e eu –/Eu escolhi a estrada menos percorrida,/E isso fez toda a diferença.

que na hora da morte temos o retorno dos nossos pensamentos e ações terrenos, eu sabia que vidas poderiam ser mudadas para sempre. Eu estava determinado a cruzar o abismo entre os mundos físico e espiritual, compartilhando o conhecimento que havia recebido sobre uma existência espiritual maior. Eu achava que se as pessoas pudessem aprender com aqueles que estão do outro lado e despertassem para a bondade, tratando a si mesmas e umas às outras com dignidade e respeito enquanto estivessem na Terra, a humanidade seria aliviada de muitos sofrimentos.

É claro que eu não sou o primeiro a fazer este esforço. Houve muitos antes de mim, e muitos virão depois. Eu saúdo cada um destes pioneiros. É necessário ter coragem e enfrentar sacrifícios para ir contra crenças arraigadas na sociedade e apresentar idéias que ameaçam paradigmas científicos, religiosos e políticos consolidados. Fui abençoado no meu trabalho porque a capacidade de curar as pessoas e de despertá-las para verdades superiores compensa qualquer sacrifício da minha parte. Eu realmente acredito que, à medida que cada um de nós se abre para a sua natureza espiritual, nossas atitudes preconceituosas e impensadas podem se transformar em gestos de amor e respeito mútuo. Em vez de nos opormos uns aos outros, podemos compreender nossas diferenças sabendo que somos seres espirituais compartilhando uma experiência física comum.

A iluminação espiritual não pode ser alcançada acenando uma varinha mágica, assistindo a aulas, ou mesmo lendo um livro; a iluminação também não pode ser obtida de acordo com um plano ou programa. Cada alma chega à sua própria verdade de uma maneira única e pessoal, e no momento apropriado. Nossas almas não podem ser forçadas a crescer, mas, tal como as flores, nossas identidades espirituais podem ser fertilizadas e nutridas até que desabrochem e floresçam.

Assim como a aurora oferece toda uma gama de cores, trazendo um caráter único e recém-criado a cada dia, nós também podemos nos renovar permanentemente. Cada amanhecer é uma oportunidade nova para que possamos identificar nossos desejos, descobrir, crescer, aprender e servir. Todos os dias somos presenteados com a chance de compreender melhor os outros, ter novas idéias e viver situações diversas. À medida que participamos da riqueza dessas experiências, sejam elas alegres ou tristes, avançamos nos vários ciclos da vida entendendo mais profundamente o sentido do sofrimento nos dias que passaram e antecipando com mais consciência nossos amanhãs. A cada aurora nos aproximamos mais um passo da compreensão da nossa dimensão divina.

Escrevi este livro como uma continuação do meu primeiro livro, *Conversando com os Espíritos*. Depois da sua publicação, apareci várias vezes na televisão e fui abordado com pedidos de informação sobre o mundo espiritual. Como não faço mais sessões ou aconselhamentos individuais, projetei este livro para que fosse usado como uma ferramenta por todos – para aqueles que já estão no caminho espiritual e para os que ainda não têm familiaridade com idéias espirituais. Para os que já estão seguindo um caminho espiritual, o livro vai oferecer algumas referências e mensagens renovadoras úteis. Para os que estão começando a se aventurar neste mundo desconhecido, espero que ele possa ajudar seus corações e mentes a se abrirem para as oportunidades da vida eterna, como foram anunciadas por aqueles que, estando do outro lado, quiseram compartilhar conosco suas profundas intuições e amor.

Hoje é um novo amanhecer e o seu próximo passo numa jornada rumo à alma eterna. No interior da alma – dentro de você – está todo um novo mundo de cura, esperança e verdade. Para alcançá-lo, você precisa seguir pela estrada menos percorrida, mas que leva à posse de si mesmo, à independência e fortalecimento – à sua verdadeira dimensão. Com cada passo pela estrada, você avançará no caminho para alcançar o Céu. Porque somos seres imortais.

PARTE 1

A Jornada

I

No Início

But O the ship, the immortal ship!
O ship aboard the ship!
Ship of the body, ship of the soul,
Voyaging, voyaging, voyaging.[2]

– Walt Whitman,
"Aboard at a Ship's Helm"

"De onde eu vim?" Quantas vezes você pensou sobre a sua existência? Você já encontrou uma explicação satisfatória para a sua indagação? Durante eras, filósofos, cientistas, eruditos e mestres religiosos tentaram dar respostas ao mistério da existência. Durante séculos, peregrinos viajaram milhares de quilômetros através de montanhas traiçoeiras cobertas de neve para encontrar-se com um lama sagrado, na esperança de aprender os segredos da vida. Outros buscaram o significado em galáxias ou em laboratórios. Hoje em dia, muitos de nós buscam essas respostas em igrejas, sinagogas e

[2]Mas, oh, o navio, o navio imortal!/Ó navio a bordo do navio!/Navio do corpo, navio da alma,/Navegando, navegando, navegando.

mesquitas, confiando que nossos sacerdotes, ministros e rabinos nos fornecerão essas revelações.

E no entanto, acredito que dentro de cada um de nós estejam as respostas, naquela parte invisível e indefinida que é chamada de alma. A alma é nosso núcleo espiritual, a fagulha divina interior, que sempre existiu, existe e sempre existirá. Ela viajou por todos os confins do universo, através de todas as eras do tempo, gravando dentro de si as lições de uma existência infindável; ela é a quintessência de quem nós somos.

Infelizmente, poucos sabem como penetrar nessa luz que arde de maneira tão brilhante dentro de nós. Como é possível que tenhamos esquecido algo tão profundo? O que fez com que nos perdêssemos nessa espécie de labirinto, validando nossa existência e medindo nossa identidade através de condicionamentos familiares doentios e valores sociais distorcidos? Para que possamos nos reconectar com nossa verdadeira personalidade, precisamos escapar desse labirinto de expectativas externas; precisamos nos voltar para dentro e escutar a voz de Deus – essa voz que, quando é compreendida completamente, dá significado à vida. Nós precisamos recuperar nosso "senso da alma".

Tendo isso em mente, escrevi este livro como uma espécie de "retrato" da alma em sua viagem pela vida, morte e renascimento. Na primeira parte do livro, eu explico o que significa ser espiritual, ser uma alma vivendo uma existência física, e como a mente cria as suas experiências. Vamos examinar as várias camadas da alma e como elas contêm um registro de todas as nossas existências através do tempo. A jornada continua através do processo da morte. Vou explicar o que acontece quando você morre, para onde vai a sua alma e os níveis de existência que você pode encontrar no mundo espiritual, que variam de acordo com cada indivíduo. Quero mostrar que a morte é indolor e natural e que não há nada a temer.

Quando fazemos a passagem, somos saudados pelos entes queridos e guias espirituais que estiveram conosco em muitas jornadas. No mundo espiritual, cada alma escolhe o que quer experimentar. Quando alcançarmos a plenitude dos nossos sonhos e desejos, e formos motivados pela alegria e inspiração dos reinos superiores, tomaremos a decisão de voltar à Terra novamente. No nascimento, não entramos no mundo físico de mãos vazias: trazemos a sabedoria da eternidade dentro da memória da nossa alma. Também não voltamos sozinhos: espíritos celestiais estão sempre por perto.

As mensagens dos espíritos na segunda parte do livro são projetadas para encorajar-nos a identificar os aspectos da nossa personalidade que nos mantêm presos a ilusões terrenas e inconscientes da nossa conexão com a divindade interior. Como vamos ver, os bloqueios emocionais prejudicam o crescimento espiritual e tornam nossa jornada pela vida mais difícil. Lendo sobre as provações e aflições dos outros, poderemos descobrir os conflitos internos que nos impedem de abraçar plenamente a vida. Talvez os conselhos dos que estão no outro lado ajudem a aliviar nossos medos e nos estimulem a curar as cicatrizes emocionais.

Na parte final do livro, proponho maneiras de ajudá-los a assumir o controle sobre sua jornada pela vida. Existem meditações para atingir a clareza da mente e recomendações para cultivar valores espirituais em crianças, preparando-nos para lidar com os altos e baixos da vida. Finalmente, ofereço as chaves capazes de abrir a porta para nossa identidade espiritual, levando-nos a descobrir quem somos.

À medida que restabelecemos contato com nossas almas, nossas prioridades em relação à vida podem mudar. Vamos aprender, como eu aprendi, que todas as respostas estão dentro de nós, simplesmente esperando para serem reveladas. E quando abrimos a porta para o infinito, vamos descobrir que estamos interconectados nesta tapeçaria chamada vida. Através do ciclo de vida, morte e renascimento, aprendemos quem somos e por que estamos aqui.

Abrindo a Porta

Sempre que dou um curso sobre desenvolvimento psíquico ou mediunidade, explico que é como viajar para uma cidade estrangeira, como Roma. Para aproveitar a viagem ao máximo, precisamos nos preparar. Para chegarmos a Roma, compramos uma passagem, fazemos as malas, vamos até o aeroporto, encontramos uma cadeira no avião e ficamos confortáveis. Se não conhecemos a língua, podemos querer levar um livro de frases em italiano para ajudar na comunicação. Também podemos precisar de um livro-guia ou iremos participar de uma excursão guiada, que nos mostrará todos os pontos históricos famosos.

Da mesma maneira, você precisa se preparar para a jornada da sua alma. O primeiro passo é separar-se do mundo externo feito de julgamentos e racionalizações, para entrar em contato com o mundo interior da consciência. Esta não é uma idéia nova. Durante séculos, monastérios e conventos isolaram indivíduos por este mesmo motivo. Se fossem mantidos longe da sociedade, não seriam contaminados por influências externas. Assim, permaneceriam puros e receptivos a uma influência superior.

Mas como fazer o mesmo, se estamos sendo constantemente bombardeados por estímulos externos? Diariamente, não temos como deixar de ouvir as últimas notícias sobre violência, destruição e doença, ou fofocas sobre astros de cinema e líderes políticos. Nós nos preocupamos com a economia, com a melhor maneira de poupar para nossa aposentadoria. Nossa consciência gira unicamente ao redor dos acontecimentos de uma existência física de ritmo frenético. Estamos tão ocupados lutando com os desafios que a vida cotidiana nos apresenta, que não temos o tempo necessário para aquietar nossas mentes e reconhecer o fato de que somos todos espíritos em caminhos pessoais em direção à luz.

Para começar a jornada, você precisa sintonizar-se com seu mundo interior. A visualização a seguir vai ajudar a fazer isso. Depois de ler os próximos parágrafos, deixe o livro de lado e visualize o seu conteúdo. A melhor maneira é fechando os olhos, para evitar as distrações externas e para concentrar-se internamente.

Meditação

Feche os olhos e fique consciente dos seus sentidos. Entre em contato com tudo o que está acontecendo ao seu redor. Talvez você ouça o barulho do tráfego, ou os vizinhos falando, ou o som da televisão no quarto ao lado. Tente não deixar essas distrações incomodarem você. Não precisa julgá-las; simplesmente deixe que elas sejam o que são. Agora, quero que você focalize sua mente concentrando-se e voltando sua consciência para o seu corpo. Sinta suas costas contra a cadeira e esteja consciente dos seus braços, pernas e tronco. Concentre-se em cada parte do seu corpo. Note a sensação dos seus pés no chão ou em seus sapatos. Esteja consciente da sensação de suas roupas no seu corpo. Alguma coisa está apertada demais? Simplesmente observe; não tente consertar. Simplesmente deixe estar.

Agora respire fundo e lentamente expire. Quero que você esteja consciente da sua respiração. À medida que inspira, perceba que está trazendo oxigênio para o interior do seu corpo. O oxigênio é necessário para que nosso corpo físico mantenha a vida neste planeta. Moléculas de oxigênio nos cercam o tempo todo, onde quer que estejamos. Quando inspirar o oxigênio para dentro dos pulmões, imagine que essas moléculas estão revigorando cada parte do seu corpo. Ao expirar, veja o ar velho e estagnado deixando o seu corpo. A missão desse ar foi cumprida e ele não é mais necessário. Na próxima vez que você inspirar oxigênio, veja-o como energia. Imagine essa energia como uma poeira luminosa ou como flocos de neve, ou qualquer outra imagem que ajude a dar vida a essa energia. Concentre-se na imagem da energia. Sinta essa energia correndo dentro e fora do seu corpo.

Enquanto continua a visualizar essa energia, imagine que ela está presente em todas as formas de vida em todas as regiões do mundo – em uma mãe segurando seu bebê na África, ou em um padre rezando o rosário no Vaticano. Enquanto você continua a imaginar essa energia, veja-a fluir através de um cavalo puro-sangue na linha de chegada de uma corrida, ou de um milhão de formigas construindo uma colônia subterrânea sob a sua casa. A energia é informe e sem traços distintos. Ela não é contida por nada e abarca todas as coisas. Ela não é propriedade de uma religião, nacionalidade, sistema de crença, intelecto ou classe econômica específica; ela é uma com todas as coisas. Pense sobre isso. Você é uma parte dessa energia e forma uma unidade com todas as coisas, por mais diferente que você pense que é. Você não pode ver o oxigênio, que é a energia da vida, mas ele está em todas as partes ao mesmo tempo.

Continue a ler este livro, procurando manter a consciência, adquirida nessa meditação, de partilhar da mesma fonte. Ao realizar este simples exercício, você começa a concentrar sua mente no conceito de ser um com o todo. Esta energia é uma parte vital da sua vida e sua conexão espiritual com tudo e com todos.

II

Despertando Sua Mente

Eles constroem a si mesmos através
dos pensamentos que escolhem e encorajam;
esta mente é o tecelão-mestre, que tece o traje
interior do caráter e a vestimenta exterior
das circunstâncias, e que, assim como talvez
até agora as tenha tecido em ignorância e dor,
agora talvez o faça iluminados e felizes.

– James Allen,
As a Man Thinketh

Tudo é energia. A ciência descreve a energia e o modo como ela trabalha em termos físicos, com base em elementos terrenos: o modo como combinações específicas de átomos se agrupam. Mas é em um nível mais alto, na quarta dimensão – a dimensão espiritual –, que encontramos a força que de fato mantém os átomos juntos. Esta energia é aquilo que eu chamo de energia da Força de Deus.

Todo o universo é permeado por esta energia da Força de Deus. É disto que somos feitos e é daí que viemos.

A energia da Força de Deus é
o centro de tudo o que existe.

A mente, o espírito e o corpo físico são compostos da mesma energia da Força de Deus; entretanto, cada um deles vibra em uma freqüência diferente. Quando me perguntam se a mente é uma parte do cérebro, respondo que o cérebro é o órgão da mente, assim como os olhos são o órgão da visão. A visão depende da saúde dos olhos, e o mesmo pode ser dito sobre a mente e o cérebro. O cérebro é orgânico, pessoal e individual. O cérebro está em permanente evolução; depende de cada um de nós desenvolver e aumentar o seu poder. A mente já é perfeita. Emerson descreveu a mente da seguinte maneira:

A mente é um mar etéreo, que flui e reflui; que se movimenta e banha aqui e acolá, levando toda a sua virtude para cada riacho e baía que alcança. Todos os lares humanos podem ser banhados por este mar. Mas essa natureza criadora, que visita a quem quer, que se afasta de quem quer, não é feudo ou propriedade de qualquer homem ou anjo. Ela é como a luz, inteira, ao alcance de todos, e da mesma forma.

A mente parece ser a janela para a própria natureza. O fenômeno da mente pode criar, imaginar e raciocinar. Quando aproveitamos a energia positiva da mente, seus resultados são simplesmente inacreditáveis. Tomemos como exemplo a escrita ou a pintura. Os escritores e artistas começam com uma idéia para uma determinada história ou pintura e em seguida a transpõem para o papel ou para a tela. Como a idéia chegou lá? O cérebro só pode produzir aquilo que foi posto nele, à maneira de um computador. Mas a mente é uma fonte que vai além do nosso cérebro-computador. Ela está ligada à energia da Força de Deus, que cerca todas as coisas. Quando pensamos em como Mozart compôs uma ópera ou um concerto para piano, nós o imaginamos sintonizado em uma orquestra celestial. Ele ouvia a música em sua mente e utilizava o cérebro para escrever as notas. O cérebro era o meio através do qual ele podia compor, mas era sua mente que criava aquele esplendor musical.

Ao compreender que o cérebro não é a fonte das idéias, mas sim a mente, precisamos entender também que cada mente individual está ligada à Mente Universal e compartilha de sua substância.

A Mente Universal

Para entender melhor o que chamo de Mente Universal, vamos visualizá-la como um enorme lago translúcido. Penso na mente individual como um peixe nadando neste lago. O peixe depende do ambiente em que habita e é afetado por ele. Os pensamentos são como ondulações na água. Cada ondulação origina-se no lago e é parte da água, mas cada uma delas é também singular e individual. Cada ondulação afeta cada peixe, e assim afeta também o lago inteiro.

A Mente Universal não conhece fronteiras ou limites, e qualquer pessoa pode usá-la. Já lhe aconteceu de estar assistindo a um programa de televisão e pensar: "Eu tive esta idéia há um ano?" É muito freqüente que as pessoas tenham a mesma idéia ou projeto, independentemente umas das outras. Por quê? Porque a pessoa criativa ligou-se à Mente Universal e puxou para sua mente individual aquela inspiração em particular. As idéias são apenas sensações impressas profundamente em nós. Uma vez percebidas, podemos agir. Em outras palavras, nossos impulsos criativos são vibrações da Mente Universal.

Quando vim para Los Angeles, meu objetivo era escrever para cinema e televisão. Eu me lembro de ter acordado um dia com uma idéia incrível para um roteiro. Era uma idéia que eu achava especial e que poderia ter um grande apelo. Fui imediatamente para o computador e comecei a escrevê-la. Minha história era sobre um livro infantil cujos personagens ganhavam vida e interagiam com o autor. Eu achei que era uma idéia tão original, que não a contei para ninguém, nem mesmo para meus amigos. Eu não queria que alguém roubasse minha idéia. Terminei o roteiro em três meses e o mandei para vários estúdios. Recebi a mesma resposta de todos eles: havia três outros roteiros cuja idéia básica era igual à minha. Fiquei arrasado. Minha idéia especial, que eu tinha me esforçado tanto para esconder, havia surgido também na mente de três completos estranhos.

Este surgimento uníssono de idéias é tão genuíno quanto o ar que respiramos ou o calor do sol que sentimos. Em um nível global, todos compartilhamos as emoções ou sensações uns dos outros. Como nos sentimos quando a Princesa Diana morreu? Parecia haver um manto de tristeza cobrindo o mundo inteiro. Muito embora a maioria de nós não a conhecesse pessoalmente, pudemos todos compartilhar a dor e nos solidarizarmos com a perda, porque estamos todos ligados. Assim como o mesmo sol brilha para todas as pessoas, compartilhamos todos uma condição comum. Compartilhamos os sentidos: sentimos, vemos, ouvimos, tocamos, rimos e choramos. Compartilhamos a energia da Força de Deus. O mundo seria certamente um lugar melhor se pudéssemos pensar em todas as pessoas como seres espirituais e se compartilhássemos com bondade e solidariedade nossos caminhos terrenos.

Os Pensamentos que Criamos

Os pensamentos são coisas! Os pensamentos são tão reais quanto os órgãos do corpo. Que tipos de pensamentos ocupam seu dia? São pensamentos amistosos ou agressivos? Os pensamentos são poderosos, e por isso é importante prestar atenção naquilo em que pensamos. Nossa vida cotidiana é resultado daquilo em que pensamos.

A ciência credita a certos padrões de neurônios existentes no cérebro a formação de modos específicos de pensar e raciocinar. Sim, isto é verdade. Há um elemento de atividade elétrica ocorrendo em áreas particulares do cérebro e afetando nosso desempenho. Mas a verdade é que o pensamento não é, de modo algum, criado no cérebro. Nós não dizemos: algo me veio ao cérebro. Em vez disso, afirmamos: algo me veio à mente. O pensamento é uma função da mente, e o resultado final é encontrado no cérebro.

Há basicamente três fontes de pensamento. O primeiro tipo, embora fácil para algumas pessoas, *é mais difícil de conseguir para outras.* Trata-se do pensamento através das orações ou da meditação. A vibração desses pensamentos energéticos é muito alta. O primeiro passo para sintonizar sua consciência nesta freqüência mais alta de energia é habituar-se a reservar algum tempo, todo dia, para orar e meditar. Tenha paciência e persistência: embora muitas vezes pareça que nada está acontecendo, com o tempo você descobrirá que a recompensa pela prática espiritual é grande. Acredito que ganhar consciência neste nível cria um sentimento de humildade, tranqüilidade, amor-próprio e alegria.

Durante os anos em que treinei para me tornar um médium, era necessário meditar diariamente. Alinhando-me com esta consciência da Força de Deus, minha conexão com as dimensões espirituais aumentou e intensificou sua vibração. Entretanto, tive que sentar-me pacientemente, dia após dia, silenciosamente, para elevar meu nível de consciência da energia da Força de Deus dentro de mim. Então, nas sessões com meus clientes, eu trabalhava em uma vibração amorosa muito alta. A mediunidade é, em si mesma, uma capacidade incrível e milagrosa, mas o trabalho ganha uma dimensão inteiramente nova quando o médium está se desenvolvendo também em um nível espiritual.

O Semelhante Atrai o Semelhante

Este é um conceito que uso com freqüência e ao qual vou me referir várias vezes neste livro. Quando uma pessoa está centrada e tem pensamentos de amor, paz e plenitude, ela receberá de volta as experiências desses pensamentos. Pare por um momento e imagine como seria se todas as pessoas no mundo tivessem bons pensamentos. É um pouco espantoso, não é?

Na qualidade de médium seguindo um caminho espiritual, é da maior importância que eu me dedique à meditação e concentre meus pensamentos nos aspectos positivos da vida. Acredito que é por esta razão que as mensagens que chegam por meu intermédio são de natureza mais espiritual e mais precisas, e que os ensinamentos que vêm desta comunicação são mais benéficos para todos os envolvidos.

A segunda categoria de pensamento vem do nosso meio ambiente. É preciso estar consciente da grande influência que o meio ambiente exerce na vida cotidiana. Quantas vezes entramos em um local e sentimos que alguma coisa está errada? Ou quantas vezes nos sentimos deprimidos ou mesmo doentes sem qualquer razão aparente? Isto acontece porque estamos captando a energia do pensamento de outra pessoa.

Sempre que visito pessoas em hospitais, preciso ter cuidado, porque sou muito sensível aos sentimentos e sensações das outras pessoas. Quando passo pelos corredores de um hospital, muitas vezes os gritos dos pacientes penetram em minha mente: "Quero sair daqui", ou "Não quero morrer", ou "Estou sofrendo, alguém me ajude, por favor". A sensação de doença e sofrimento permeia a atmosfera e me atinge intensamente.

Assim como uma estação de rádio, estamos continuamente enviando e recebendo sinais. Não recebemos estes sinais apenas uns dos outros; em uma escala muito maior, somos influenciados pela consciência de massa que nos rodeia. Embora alguns destes pensamentos sejam bons e positivos, em sua maioria são mensagens de cobiça, raiva, egoísmo e desonestidade. Estes pensamentos estão ligados e são atraídos pelas partes mais baixas de nossa natureza. Com o constante bombardeio dessas influências, as idéias ligadas a uma natureza espiritual mais elevada têm um apelo muito menor.

Isto não significa necessariamente que todos os pensamentos recebidos das outras pessoas sejam de natureza negativa. As mensagens solidárias e o amor, que são vibrações do pensamento mais elevado, também estão presentes na atmosfera que nos cerca. Quando enviamos amor, alguém o recebe. Este amor talvez não possa ser detectado em um nível consciente, mas ainda assim está vivo e produz um efeito positivo.

O grupo final consiste em nossos pensamentos mais comuns e cotidianos. Desde Sigmund Freud, os psiquiatras e psicólogos dividiram a consciência em três níveis de pensamento, separados, porém interdependentes: o consciente, o subconsciente e o inconsciente. A mente consciente é aquela que usamos para conferir o troco no supermercado e para ler este livro. A mente subconsciente controla todos os processos involuntários do corpo, isto é, regula o sono, a respiração, a digestão, a circulação, etc. O subconsciente nunca dorme e portanto nunca pára. A mente inconsciente é vasta e invisível. Ela é o depósito de todas as nossas experiências passadas, incluindo tudo o que já pensamos, sentimos, aprendemos ou testemunhamos, do passado até hoje.

Entretanto, é a mente subconsciente que governa nossas vidas a maior parte do tempo. O subconsciente é como um equipamento industrial pesado, responsável pela regeneração das células que curam o corpo. Esta parte da mente não pensa ou raciocina – esta é uma tarefa da mente consciente –, mas, em vez disso, trabalha incansavelmente registrando pensamentos e impressões, de modo indiscriminado. Nas crianças, a mente subconsciente registra as palavras e idéias dos adultos que as cercam, e estas memórias permanecem vivas na idade adulta. Os hábitos, entre outras coisas, emergem dos pensamentos subconscientes. Para mantermos controle sobre nossa vida, precisamos dominar o modo como pensamos, tanto consciente quanto subconscientemente. Há muita sabedoria na mente subconsciente. Trabalhada, ela pode ser de enorme proveito e servir como um reservatório infinito de conhecimentos.

Através de nossas mentes, inúmeras descobertas e invenções importantes podem ser alcançadas, trazendo grandes benefícios para a raça humana. Utilizada de modo positivo, a mente humana é uma fonte de obras de arte, filosofia e ciência que melhoram efetivamente a qualidade de vida no planeta. Mas esta mesma mente que cria maravilhas tem também a capacidade de destruir e aniquilar. Ela pode impor formas terríveis de crueldade e ódio. Elevar os pensamentos à freqüência mais alta é uma dívida que temos conosco, para que possamos evoluir para uma consciência mais alta e transmitir o esplendor e os milagres da vida para as gerações futuras.

James Allen, um grande professor, escreveu um livro que é um divisor de águas, chamado *As a Man Thinketh* (*Como Pensa um Homem*). Recomendo este livro para ajudar-nos a mudar nossos padrões de pensamento. Como diz Allen:

O homem faz-se ou desfaz-se sozinho (...) Com seu arsenal de pensamentos, ele forja as armas pelas quais destrói a si mesmo; modela também os instrumentos com os quais constrói para si mansões celestiais de alegria, força e paz. Pela escolha acertada e pela aplicação verdadeira do pensamento, o homem ascende à perfeição divina. Pelo abuso e pela aplicação equivocada do pensamento, decai abaixo do nível animal. Entre estes dois extremos encontram-se as gradações de caráter, e o homem é seu mestre e artesão.

III

Conhecendo a Si Mesmo

Mas o atemporal em você está ciente
da atemporalidade da vida,
E sabe que o ontem não é mais do que a
memória de hoje, e o amanhã, o sonho de hoje.
E aquilo que canta e contempla em você ainda
vive nos limites daquele primeiro momento
que espalhou as estrelas pelo espaço.

– Kahlil Gibran,
O Profeta

O que sabemos realmente sobre nós mesmos? Obviamente, é fácil perceber o corpo físico, e estamos muito familiarizados com o domínio da mente e do pensamento, que examinamos no último capítulo. Além desses domínios reside um aspecto do ser que é mais misterioso: nossa natureza espiritual. Para esta etapa da viagem, é importante manter a porta aberta para todos os nossos sentidos, inclusive para a intuição, que é nossa bússola interna.

Para começar, quero apresentar algumas expressões da linguagem da terra dos espíritos, os vários "corpos do ser humano" que fazem de cada um de nós uma pessoa única. Esses corpos são camadas invisíveis do espectro da alma e estão reunidos na "aura". A aura pode ser entendida como um mapa das nossas energias e experiências espirituais, emocionais, mentais e físicas. Ela é talvez a mais fiel externalização da alma que se pode observar.

A Aura

Quando eu era criança, talvez aos seis ou sete anos, me lembro de ter contado à minha mãe que eu via *luzes* em volta das pessoas. Minha mãe limitou-se a sorrir e a continuar o que estava fazendo. Como eu não sabia o que eram aquelas luzes, pensava que todo mundo podia vê-las. Elas tinham muitas cores: azuis, rosa, verdes, amarelas, vermelhas, etc. Lembro-me de que eu adorava fazer compras com minha mãe em uma determinada loja, porque o balconista estava sempre cercado por lindas luzes coloridas. Eu ficava parado, olhando aquele arco-íris lindo de azuis misturados com roxos e rosa que o cercava. Ele tinha um sorriso largo e estava sempre contando piadas aos fregueses. Acho que este homem das luzes ficou na minha memória porque ele sempre me dava um pirulito quando íamos embora.

Tive experiências semelhantes quando parentes ou amigos da família vinham nos visitar. Eu ficava olhando as cores e as luzes em volta de todo mundo, e dizia coisas do tipo: "este homem é verde", ou "tem um monte de luzes marrons em volta dessa senhora". Ninguém prestava muita atenção aos comentários do garotinho, a não ser para dizer "você é tão bonitinho" ou "que gracinha". Também notei que a senhora das luzes marrons não sorria muito. Mais tarde, minha mãe me contou que "a senhora das luzes marrons" estava muito doente. A maioria das pessoas, contudo, era afetiva e amorosa e estava sempre me abraçando e me beijando. Eu costumava ver especialmente luzes rosadas e brilhantes à sua volta.

À medida que fui crescendo, minha capacidade de ver luzes à volta das pessoas desapareceu gradualmente e passei a vê-las apenas eventualmente. Mas houve uma ocasião que nunca vou me esquecer. Eu tinha mais ou menos oito anos e decidi ir com alguns amigos à lanchonete comprar sanduíches para o almoço. Depois que pagamos, corremos para fora da loja. Fui o último a sair. Quando passava pela porta, um homem alto que entrava não me viu e esbarrou em mim. Olhei para cima, e ele me olhou; seus olhos penetraram em mim como raios laser atravessando tijolos. Subitamente, percebi uma nuvem sombria, cinzenta e negra, à volta de sua cabeça e em frente a seu peito. Três dias depois, vi novamente o mesmo homem, desta vez em um jornal. Havia sido preso por assaltar a lanchonete! Esta notícia me deixou muito assustado. Entretanto, levei ainda muito tempo para entender o que significavam aquelas luzes.

A aura é composta de camadas de energia. Quando era pequeno, eu costumava rezar em todas as noites de inverno pedindo neve, porque em geral isto significava um dia de folga. Toda manhã, ao acordar, eu corria para a janela para ver se minhas preces haviam sido atendidas. Quando isto acontecia, eu mal podia esperar para sair de casa. Mas primeiro minha mãe dava início ao longo e árduo processo de me embrulhar em camadas e camadas de roupas. Primeiro, punha minha camiseta, depois uma camisa de mangas compridas, em seguida um suéter felpudo e por cima de tudo meu casaco. As camadas de roupas serviam para me proteger do frio. As camadas da aura têm também um propósito: registrar todas as nossas experiências, sentimentos, pensamentos e desejos.

Essa idéia da aura, ou energia vital que emana do corpo e o cerca, não é nova. Um dos primeiros ocidentais a observá-la e escrever sobre ela foi um alquimista e médico do século XVI, chamado Paracelso. Ele se referia ao nosso campo energético como "um globo flamejante". No século XVIII, o físico austríaco Franz Anton Mesmer definiu o magnetismo animal como uma energia eletromagnética que circundava o corpo humano. Ele acreditava que esta energia eletromagnética tinha um efeito maravilhoso sobre a saúde física e que podia ser transmitida de uma pessoa para outra. Neste século, um médico londrino, o Dr. Walter J. Kilner, inventou uma máquina à base de anilina, que era usada para observar raios ultravioleta. Com esta máquina, Kilner notou uma luz ao redor do corpo humano. Depois de algum tempo, chegou à conclusão de que era possível diagnosticar as doenças físicas através do estudo dessa luz. Em 1911, a pesquisa do Dr. Kilner foi publicada em um livro intitulado *The Human Aura* (*A Aura Humana*). Em 1939, um eletricista russo, Senyon Davidovich Kirlian, inventou um processo fotográfico no qual se usava filme virgem para fotografar um determinado objeto. Quando o filme era revelado, vários tipos de "halos" apareciam em volta do objeto. Este procedimento, conhecido como fotografia Kirlian, ainda é usado, mas associado principalmente aos fenômenos psíquicos, pois os cientistas ainda não descobriram como ou por que esses "halos" ou "auras" aparecem. Há uma coisa importante a lembrar em relação a este processo fotográfico. Como a aura muda constantemente, dependendo do estado emocional, mental, físico ou espiritual da pessoa, uma fotografia só pode captar a aura do momento específico em que é tirada.

Minha própria capacidade de perceber auras permaneceu adormecida até a idade de vinte e poucos anos. Foi nesta época que comecei a meditar e a desenvolver uma consciência interior, bem como uma empatia com os sentimentos e sensações alheios. Após anos de disciplina, minha capacidade de perceber auras aumentou tremendamente. Hoje, esta capacidade continua a desempenhar um papel muito importante no trabalho que realizo.

Quando faço demonstrações, em geral vejo um vasto conjunto de cores e luzes. A cor e a intensidade das luzes variam de indivíduo para indivíduo e de acordo com as diferentes partes do corpo. Quando noto uma luz vermelha brilhante à volta do ombro esquerdo e do pescoço de uma pessoa, sei que ela sofre de dor de cabeça ou tem problemas no pescoço. Quando vejo um acúmulo de cor cinza ou marrom-escura e opaca próxima ao estômago, pergunto se há problemas nesta área, e em geral a pessoa responde que sim. Ao longo dos meus anos de estudo e observação, aprendi que a aura é uma projeção – ou espelho – muito precisa de diversos aspectos da saúde.

Mas a aura reflete muito mais do que o estado físico. Na verdade, ela consiste em vários níveis de consciência que compõem o ser. É uma representação do caráter inato e uma indicação do potencial, bem como um registro das experiências. Quando se atinge a idade adulta, a aura já passou por muitos anos de experiências emocionais, mentais, espirituais e físicas. As capacidades, desejos, gostos, aversões, sentimentos de sucesso, sentimentos de fracasso, bem como acontecimentos extraordinários, momentos preocupantes ou tristes, tudo isto forma a aura.

O tamanho e a forma da aura depende também de inúmeros outros fatores. Normalmente, a aura tem uma forma oval e se estende para além do corpo físico em aproximadamente trinta a quarenta e cinco centímetros. A aura de uma pessoa de natureza extrovertida e expansiva tende a ter um tamanho maior. Por exemplo, quando uma pessoa fala para um grupo grande, e tenta atingir a todos ou trazê-los à própria consciência, sua aura expande-se para abranger a audiência. É isto o que ocorre com políticos, pregadores, músicos, atores e oradores que precisam estabelecer uma conexão com suas platéias. O efeito oposto ocorre com uma pessoa introvertida ou tímida. A aura não se expande; ao contrário, ela permanece próxima ao corpo físico. A aura também se expande e cresce quando estamos em um ambiente que nos agrada. Além disso, já vi a aura de uma pessoa no momento imediatamente anterior à sua morte, e ela tende a ser tênue, como uma linha desenhada em torno do corpo. Isto faz sentido, porque no momento da morte física a aura se retira.

Cores

Quando vejo auras, geralmente vejo cores. Uma das cores mais brilhantes e comuns que vejo em torno das pessoas é verde. Muitas vezes, em demonstrações, pergunto a alguém cuja aura é esverdeada se trabalha na área médica. A resposta geralmente é afirmativa. A maioria das pessoas que se dedicam à cura tem auras verdes e brilhantes, curativas. É importante lembrar, também, que por área médica não quero dizer apenas médicos ou enfermeiros, mas também pessoas – como você – que têm uma natureza solidária e receptiva a qualquer pessoa que precise de ajuda.

As cores da aura variam de pessoa para pessoa. O brilho, o matiz e a tonalidade das cores podem variar muito além daquilo que vemos no mundo físico. A força da cor está diretamente associada à força da emoção presente. As cores muitas vezes variam diariamente. Algumas das principais características das cores da aura:

Vermelho: Energia, força vital e vigor. Corporalidade, raiva, hiperatividade, ira profunda. Sexual.

Laranja: Auto-estima, orgulho e consideração. Ambição, autocontrole.

Amarelo: Intelectual, atento, otimista e feliz. Indecisão.

Verde: Compaixão, capacidade de cura, paz, prosperidade e solidariedade.

Azul: Espiritualidade, devoção, lealdade, pensamentos filosóficos e criatividade.

Violeta: Amor, alta espiritualidade, intuição e sabedoria.
Índigo: Anseio espiritual, benevolência, elevada intuição.
Rosa: Amor incondicional, amizade e sinceridade.
Cinza: Depressão, tristeza, medo e cansaço.
Marrom: Cobiça, auto-envolvimento, teimosia. Obstinação.
Preto: Falta de energia vital, influências inferiores, ignorância.

Vidas Passadas e Memórias

Quando observo uma aura, percebo também que ela tende a ser composta de pequenos padrões e desenhos geométricos. Esses padrões podem ser interpretados como formas de pensamento e refletem os pensamentos da pessoa, atuais ou passados. Em outras palavras, as cicatrizes emocionais da pessoa estarão refletidas nos desenhos de sua aura, juntamente com seus desejos ainda não realizados, ou desejos do passado. Ao longo dos anos, observei que estes desejos aparecem no alto, no lado direito da aura. Esta área está ligada à parte mental do indivíduo e é aí que os desejos e objetivos ficam alojados.

Além disso, a aura corporifica a acumulação do carma de encarnações anteriores e as lições cármicas que tentaremos aprender durante esta vida. Essas coisas compõem a verdadeira essência de uma pessoa. Em meu primeiro livro, discuti detalhadamente a idéia de “carma”. Para deixar clara esta idéia aqui, basta dizer que o carma é o conceito de causa e efeito.

Em uma de minhas odisséias espirituais, vi claramente de que modo as vidas passadas se refletem na aura e recebi uma lição cármica da minha própria aura. O Dr. Brian Weiss – autor de *Muitas Vidas, Muitos Mestres* – e eu demos um *workshop* para cerca de trezentas pessoas durante um cruzeiro ao México. O Dr. Weiss é um conceituado psiquiatra que ajudou muitas pessoas com seu trabalho sobre regressão a vidas passadas. Certa manhã, após terminar minha demonstração, assisti à sua apresentação, embora não tivesse qualquer intenção de participar do grupo. Para não interferir, esgueirei-me para o fundo da sala e senteime para assistir.

O Dr. Weiss começou sua demonstração de hipnose e regressão a vidas passadas. Através de vários exercícios, as pessoas voltaram a determinadas experiências ocorridas em vidas anteriores. Para minha surpresa, eu também vivenciei algumas experiências incríveis deste tipo. Em uma determinada regressão, eu me vi como um general em várias guerras. Observei-me de pé, em meio a meus soldados, e, à medida que as guerras se sucediam, mudávamos também de uniforme. Nessa regressão, eu ordenava a meus soldados que matassem outros soldados. Eu estava no comando e tinha que tomar a decisão final que causaria a morte de milhares de homens. À medida que as cenas se desenrolavam em minha mente, soube instintivamente por que eu estava aqui nesta vida: tinha que aliviar o carma daquelas vidas passadas, nas quais ordenei a destruição em massa de todos aqueles homens. A missão de curar na vida atual equilibra o carma de vidas passadas, pagando minha dívida cármica. Ao ajudar as pessoas a recuperarem sua espiritualidade, estou aqui para corrigir um erro, para alcançar meu equilíbrio cármico, curar minha alma e avançar em meu caminho espiritual.

Após o exercício, o Dr. Weiss pediu às pessoas que se levantassem e compartilhassem suas experiências com o grupo. Enquanto as pessoas falavam sobre suas vidas passadas, comecei a ver uma espécie de tapeçaria, cheia de cores e padrões, sobre suas cabeças e circundando-as. Quando olhei mais de perto, percebi que no interior de cada quadrado daquelas auras havia movimento. Cada quadrado representava uma vida passada. Como se isto não bastasse, notei que, de cada quadrado, saía um cordão, que se ligava a uma determinada parte da anatomia da pessoa, por exemplo, uma perna, o coração ou a cabeça. Mais tarde, perguntei a diversos participantes se haviam tido problemas físicos nas várias áreas às quais vi os cordões ligados. A maioria deles respondeu que sim. Os demais não tinham certeza ou não se lembravam. Alguns pensaram no assunto e lembraram-se de que já haviam tido um problema naquela área quando eram mais jovens. Ficou extremamente claro para mim que as nossas experiências de vidas passadas, e talvez até mesmo de nossas vidas futuras, encontram-se inteiramente presentes na aura.

Influências Ambientais

A aura também pode refletir forças externas, positivas e negativas, que nos afetam. Praticamente todo mundo já teve a experiência de encontrar uma pessoa e sentir ou uma empatia imediata ou uma profunda aversão. Por que isto acontece? Na maioria dos casos, sintonizamos o campo de energia da pessoa e recebemos algum tipo de emanações energéticas. O resultado é que estamos em harmonia ou em desarmonia (e todos os sentimentos intermediários) com essas emanações.

Uma igreja ou um local de oração geralmente nos enche de sentimentos de paz e conforto. A impressão é de uma sensação de harmonia e comunhão com o lugar. Isto provavelmente ocorre porque estamos captando os sentimentos amorosos e espirituais das pessoas que oraram ali. Inversamente, podemos entrar em uma sala ou em uma casa e ter instantaneamente uma sensação desagradável sem qualquer razão aparente, para em seguida descobrir que houve uma briga ou discussão antes da nossa chegada. Novamente algo aconteceu, e a aura "recolheu" a energia que permaneceu no local.

A atmosfera mental que nos rodeia é afetada
não apenas pelos pensamentos e sentimentos
que criamos, mas também pelos pensamentos
e sentimentos daqueles à nossa volta.

Esta idéia é muito importante. Todos os dias passamos por inúmeros pensamentos invisíveis, porém poderosos, que exercem um efeito definitivo sobre o estado físico de nossos corpos. Os pensamentos sempre refletem a natureza da pessoa que lhes deu vida. Por isso, preste atenção às pessoas com quem você costuma estar. Nós somos as companhias com quem andamos.

Muitas vezes, a personalidade de uma pessoa é tão poderosa que, dependendo do nosso nível emocional, mental, físico ou espiritual (principalmente se um ou mais deles estiver fraco), essa energia invade nosso espaço eletromagnético. Felizmente, nascemos com uma espécie de mecanismo de defesa do campo da aura para impedir a entrada dos padrões de energia e dos pensamentos alheios. Na última seção deste livro, descrevo como proteger-se desses pensamentos e emoções que nos cercam.

Também é muito importante compreender que os vivos não detêm o monopólio da atmosfera. Seres desencarnados, ou espíritos, também nos afetam e deixam seus pensamentos em nossa aura. É por isso que muitas vezes, durante o dia, subitamente e sem qualquer razão aparente, começamos a pensar em alguém querido que já faleceu. É mais do que provável que esta pessoa esteja tentando influenciar ou imprimir sua personalidade e pensamentos em nosso campo eletromagnético.

Os Corpos do Homem

A aura é composta por camadas e compartimentos complexos demais para serem detalhadamente descritos aqui. Os principais correspondem a quatro "corpos" distintos, que se interpenetram e que os metafísicos acreditam ser os componentes dos seres humanos.

Essas diversas camadas são conhecidas como: o corpo etéreo, que lida diretamente com os processos físicos; o corpo astral, no qual residem os processos emocionais; o corpo mental, onde ocorre qualquer tipo de pensamento, inclusive o pensamento psíquico e intuitivo; e o corpo físico.

O Corpo Etéreo

O corpo etéreo também é conhecido como *corpo duplo*, porque ele duplica, assumindo a forma do nosso corpo físico. O corpo etéreo é formado por uma matriz de energia que interpenetra o corpo físico em diversos pontos. Esses pontos, ou vórtices de energia, são conhecidos como *chakras*. A palavra *chakra* quer dizer "círculo" em sânscrito. Através desses chakras, a energia da Força de Deus, ou *prana* (também em sânscrito), penetra no corpo físico para alimentar vários órgãos físicos e o sistema nervoso. É possível pensar nos chakras como as engrenagens da vida, porque exercem um efeito direto sobre glândulas, tais como a pineal e pituitária, tiróide, paratiróide, vascular, endócrina, e órgãos como o pâncreas, fígado, baço e as gônadas. Quando nossos chakras estão saudáveis com a energia da Força de Deus, aparecem no corpo etéreo como círculos em rotação de cores luminosas. Deste modo, a saúde física do indivíduo pode ser observada no corpo etéreo através dos chakras. Os chakras são mantidos juntos por linhas de força, com a aparência de uma grade, semelhante ao papel para gráficos usado por arquitetos e projetistas. Assim, esses círculos de energia em rotação podem ser comparados a um campo magnético, com uma das principais correntes de energia fluindo verticalmente ao longo da espinha e afetando diretamente o sistema nervoso central.

Há três anos, um homem de trinta e oito anos me procurou para uma sessão particular. Seu nome era Bob. Após minha apresentação costumeira, peguei um bloco e comecei a desenhar seu corpo etéreo para determinar sua condição física. Desenhei inicialmente uma figura ereta. Em seguida, guiada pela minha intuição, a caneta começou a mover-se lentamente para cima e para baixo da imagem, mas, quando cheguei à metade inferior do tronco, parou de mover-se. A energia de Bob parecia tornar-se nebulosa e escura naquele ponto, como se literalmente parasse de fluir. Disse-lhe imediatamente: "Parece que você tem algum tipo de problema na área ao redor do seu intestino grosso." Disse-lhe que sentia que sua energia havia sido cortada. Ele fez uma pausa e, em seguida, me contou que há dois anos tivera que tirar uma parte do cólon e atualmente usava uma bolsa. Embora sua saúde tivesse melhorado, ele ainda se preocupava e se atormentava quanto àquela parte específica de seu corpo. Expliquei-lhe que essa preocupação contínua estava causando uma nova obstrução no seu fluxo de energia.

Pensamentos obsessivos e emoções não-expressas acabam se manifestando no corpo físico. Em outras palavras, o que pensamos e como nos sentimos materializam-se de algum modo, como saúde ou doença, no corpo físico. Pense no corpo como um terminal de trem, e nos pensamentos como trens. Esses pensamentos, mais cedo ou mais tarde, têm que parar no terminal. Por isso é tão importante manter os pensamentos saudáveis, para que os corpos também permaneçam saudáveis.

O corpo etéreo de Bob estava atuando como um barômetro para seu bem-estar físico. Sintonizando seu corpo etéreo, eu podia identificar sua condição física. Há terapias alternativas cujos adeptos são capazes de identificar doenças e indisposições exclusivamente através do exame do corpo etéreo da pessoa. O corpo etéreo corresponde especialmente às freqüências do corpo físico, enquanto os outros corpos energéticos correspondem a outras regiões da consciência.

O Corpo Astral

O corpo astral também é conhecido como corpo emocional. Este corpo é feito de um material etéreo tridimensional, e, depois do corpo físico, é o de maior densidade. O corpo astral é, na verdade, uma réplica perfeita do corpo físico e estende-se além dele de doze a vinte centímetros.

Muitos metafísicos, incluindo os teosofistas, utilizam indistintamente os termos "corpo astral" e "corpo etéreo". Pessoalmente, vejo uma pequena diferença entre eles. O corpo etéreo diz respeito basicamente aos sistemas de energia (os chakras), enquanto que o corpo astral tem um envolvimento um pouco maior com a parte emocional da pessoa. O corpo astral é composto por todos os pensamentos, emoções e desejos da mente. Todos os anseios terrenos, lembranças importantes e desejos fundamentais residem no corpo astral. Na morte, este corpo deixa o mundo físico e passa a habitar o mundo astral.

Muitas vezes digo às pessoas que vão a meus seminários: "Por que vocês têm tanto medo da morte? Vocês morrem todas noites!" A verdade é que, quando dormimos, o corpo astral deixa o corpo físico e viaja para o mundo astral. A mesma coisa é descrita pelo conceito de projeção astral, com a diferença de que, neste caso, o corpo astral deixa o corpo físico por sua própria vontade. Assim, quando digo que "vocês morrem todas as noites", quero dizer que deixamos nossos corpos físicos, de modo muito semelhante ao que ocorrerá na hora de nossa morte. Da mesma maneira, o corpo astral deixa espontaneamente o corpo físico em situações que envolvem acidentes, ou sob a influência de drogas, ou ainda no estado de coma. Quando uma pessoa está inconsciente, é muito provável que esteja flutuando pelo mundo astral.

Muitas vezes, as almas vão trabalhar no nível astral, enquanto os corpos físicos descansam. Acredito que, quando faço meu trabalho, uma parte de meu corpo astral deixa meu corpo físico e penetra no mundo astral. É assim que recebo as fortes emoções e desejos dos entes queridos que já faleceram.

O Corpo Mental

Assim como o corpo astral diz respeito às emoções da pessoa, o corpo mental diz respeito a seus pensamentos. O corpo mental é composto de uma substância etérea ainda mais leve do que a do corpo astral e estende-se para fora do corpo, acima da linha do quadril.

O corpo mental é tido como o responsável pela transferência das energias mentais elevadas, excessivamente refinadas para os outros corpos. Estas energias são de uma natureza espiritual sublime e são transferidas por meio do corpo mental sob a forma de informação psíquica, tais como inspirações, sensações profundas e pressentimentos. Muitos acreditam também que este corpo é composto de duas partes: uma mente mais elevada, formada por pensamentos que emanam da Mente Universal, conceitos espirituais, verdades elevadas e abstrações; e uma mente inferior, preocupada com processos materiais e cotidianos.

Acredito que um indivíduo considerado um gênio, ou alguém muito inteligente, é uma pessoa cujo corpo mental evoluiu durante várias vidas, através de experiências e consciência. A alma reconhece este grau de domínio e utiliza esta consciência em conceitos mentais e visões sublimes. Cientistas, filósofos e intelectuais estão entre aqueles que aparentemente têm a capacidade de contactar o corpo mental de formas extraordinárias e benéficas para a humanidade.

Mantenha em mente que existimos ao mesmo tempo nos corpos emocional, mental e espiritual, enquanto viajamos através da vida em nossas identidades físicas. Estes corpos se misturam e dependem uns dos outros, fazendo de nós seres completos. Quando começamos a entender a totalidade daquilo que somos, torna-se mais fácil compreender que, na morte, tudo o que fazemos é deixar nossos vários corpos para atingir planos mais altos, conforme veremos nos próximos capítulos.

IV

A Morte
O Caminho para Casa

I sent my soul through the Invisible,
Some letter of that After-life to spell:
And by and by my Soul returned to me,
And answered "I Myself am Heav'n and Hell".[3]

– Omar Khayyám,
The Rubáiyát

"O que acontece exatamente na hora da morte?" Esta foi a pergunta que ouvi com maior freqüência ao longo dos meus muitos anos de trabalho como médium. Infelizmente, não posso dar uma resposta definitiva, porque a experiência da morte é tão individual quanto a experiência da vida. E embora os espíritos tenham muitas vezes tentado responder a esta indagação de modo satisfatório, a explicação da morte excede em muito o vocabulário limitado e a inteligência finita de que dis-

[3]Enviei minha alma através do Invisível,/para que ela escrevesse uma carta da vida além da outra vida:/E logo minha Alma voltou a mim,/E respondeu "Eu mesma sou o Céu e o Inferno".

pomos. Como poderíamos entender algo que se encontra fora da consciência humana? Mesmo o melhor dos médiuns não pode fazer mais do que ter esperança de descrever com precisão todos os sentimentos que um espírito deseja expressar acerca do processo da morte. A nossa condição humana, reforçada pelos sistemas de crenças religiosas e todos os preconceitos sobre a morte, torna-se incapaz de qualquer percepção que se assemelhe a um verdadeiro entendimento. A morte sempre foi o maior dos mistérios. Podemos apenas imaginar, ler e teorizar sobre aquilo que realmente ocorre, mas nunca saberemos o que a morte é de fato, até que a vivenciemos nós mesmos.

Enquanto escrevo este capítulo, anos de sessões me vêm à mente e posso recordar-me de detalhes específicos de centenas de espíritos dos que já faleceram. É o acúmulo dessas percepções, combinadas com as informações que obtive de inúmeros livros, artigos e diversos materiais internacionais sobre o assunto, que compartilho aqui. É o exame mais honesto e objetivo que posso oferecer sobre a experiência da morte.

O Medo de Morrer

Por que as pessoas têm tanto medo da morte? A resposta é simples. Trata-se de uma experiência desconhecida. A maior parte das pessoas não se sente à vontade para falar sobre a morte e muito menos pensar sobre a perspectiva de que um dia estarão mortas. Até hoje, poucas pessoas dispuseram-se a investigar este processo. Recentemente, contudo, houve muitas pessoas que passaram por aquilo que é conhecido como "experiência de quase morte" e contaram suas impressões de como é morrer. Já há vários bons livros sobre este assunto, em especial *A Vida Após a Vida*, do Dr. Raymond Moody, e *A Roda da Vida*, de Elisabeth Kübler-Ross. Os detalhes das experiências de quase morte narradas nestes livros, tais como *passar por um túnel*, ou *ser acolhido por um ente querido*, ou *ver uma luz brilhante*, ou *encontrar um ser espiritual*, são todos muito semelhantes ao quadro pintado pelos espíritos com quem tive contato em minhas sessões. O sentimento predominante nas experiências de quase morte é a placidez, a sensação de que a morte não é "o fim". A morte é apenas mais um processo natural da vida. Começamos a morrer no momento em que nascemos e continuamos a morrer todos os dias. No plano físico, as células degeneram, morrem e são substituídas, mas nós não pensamos nisto. Conforme mencionei no capítulo III, "morremos" todas as noites quando vamos dormir. É nesta hora que a consciência deixa o corpo físico e viaja para o mundo astral. Ao reentrar no corpo na manhã seguinte, voltamos com recordações de nossas viagens e encontros sob a forma de sonhos. Muitas vezes não entendemos os sonhos ou o que acontece quando dormimos, mas isto não tem importância. A vida acontece de um jeito ou de outro, não importa se a compreendemos ou não.

O que acontece quando morremos? A percepção mais importante já registrada junto aos que faleceram é a seguinte:

Na morte ganhamos consciência de que somos
mais do que apenas nossos corpos físicos.

Ao morrer, os seres não apenas sentem imediatamente que sua parte física é um componente menor daquilo que são como também percebem que eles integram tudo o que existe. É neste momento que os espíritos compreendem plenamente sua complexa participação no quebra-cabeça universal. Começam a ver-se no quadro completo e não têm mais necessidade de desentender-se ou afastar-se de qualquer outro ser. Vêem Deus em todas as coisas.

Muitos espíritos disseram por meu intermédio que a morte em si é fácil; o difícil é morrer. Qualquer pessoa com uma doença terrível, como câncer ou AIDS, pode sofrer intensamente, à medida que a doença corrói os vários órgãos do receptáculo físico. Lentamente, o prana, ou o sopro da vida, esvai-se do corpo. Este processo pode ser muito doloroso. Mas quando a morte chega, *não há mais* dor ou desconforto. A dor é uma condição *física*, restrita ao corpo físico. A lembrança do sofrimento pode permanecer no corpo mental de um espírito, mas apenas como uma lembrança; a sensação já não existe mais. A dor não exerce mais qualquer efeito sobre a saúde e bem-estar do corpo do espírito.

O Processo

Como sabemos, há maneiras diferentes de morrer, ou, para usar uma terminologia mais correta, há várias formas de deixar o corpo físico. Mas não importa o modo como a transição é feita, a pessoa claramente passa por uma mudança fisiológica e química. Na hora da morte, o corpo do espírito é imediatamente encerrado em uma bainha etérea, ou seu duplo. O espírito permanece neste estado por um breve período, até que seu duplo etéreo seja também descartado. Este despojamento do corpo etéreo ocorre na hora em que o espírito deixa de fato o corpo físico. Uma vez que o corpo etéreo esteja ausente, o corpo astral assume. Em sua forma astral, o espírito é capaz de entrar na energia mais refinada do mundo astral. Este processo é sempre o mesmo, qualquer que seja a maneira de morrer.

Os espíritos costumam descrever como se sentiram à vontade na hora da morte e como, em alguns casos, nem mesmo perceberam que haviam morrido. Lembro-me de uma sessão que realizei com uma mãe e sua filha. Na época, a mãe estava morrendo de câncer. Sua filha queria que a mãe fosse tranqüilizada com a certeza de que sua morte não seria dolorosa. A sessão foi muito bem-sucedida. A mãe teve contato com vários espíritos, incluindo seu segundo marido, que lhe disse: "Não se preocupe. Quando chegar a hora, será tudo muito natural." A mãe morreu três semanas depois, durante o sono. Alguns meses mais tarde, a filha voltou para realizar outra sessão. Sua mãe apareceu e estava extremamente grata à filha e a mim por termos a ajudado a perceber que a morte seria daquela forma. Ela disse: "Foi exatamente como todo mundo descreveu – muito fácil e tranqüilo."

Expliquei aqui a idéia geral; agora, examinaremos o processo, passo a passo.

A Morte Natural

As pessoas que morrem de causas naturais, ou de uma

doença na qual têm consciência de que a morte se aproxima, passam por transições típicas. Alguns dias antes da morte, sua consciência começa lentamente a expandir-se ou ampliar-se. Vivenciam uma espécie de "aguçamento" dos sentidos, principalmente a audição e a visão. Muitas relataram terem passado por um *flashback*, no qual viram e sentiram todas as situações de suas vidas com muita clareza. Durante o *flashback*, puderam compreender plenamente a razão de cada experiência vivida. É neste momento de revisão da vida que a parte espiritual da pessoa faz algum tipo de autojulgamento. Por julgamento eu não quero dizer escolher entre o céu e o inferno. Em vez disso, o espírito torna-se profundamente consciente de suas ações e muito sensível à forma como tratava as outras pessoas. Reconhece imediatamente a forma "certa" pela qual poderia ter agido. Felizmente, vê igualmente o bem que fez aos outros. Esta revisão de vida ocorre em questão de segundos.

É também por volta deste momento que as pessoas agonizantes muitas vezes percebem parentes ou amigos próximos falecidos há muito tempo ao lado de seu leito. Estes seres espirituais podem estar lá para zelar por elas ou para visitá-las. Já houve muitos casos em que uma pessoa moribunda subitamente chamou um parente falecido ou descreveu uma cena. Quando Thomas Edison estava em coma, muito perto de morrer, ele despertou momentaneamente, olhou para o alto e disse: "É muito bonito lá em cima."

Imediatamente antes do fim, uma pessoa agonizante pode vivenciar uma forte diminuição ou a interrupção completa da dor física. A pessoa pode entrar lentamente em coma ou permanecer consciente até o momento "final". Se estiver consciente, talvez note uma sensação de "frio" nas extremidades, que ocorre quando a circulação vai se tornando mais lenta e a energia da Força de Deus começa a retirar-se do corpo. À medida que a retirada prossegue, a pessoa pode ter uma leve sensação de "tremor" ou "formigamento". Esta sensação é causada pelos fios etéreos que estão começando a se soltar do corpo físico, preparando-se para a separação do duplo corporal. No momento da morte, a respiração pára e a alma deixa o corpo. Neste momento, o "cordão de prata", a fibra etérea que alimenta o espírito no corpo físico, é cortado. O espírito finalmente está livre!

O Suicídio

No caso do suicídio, o espírito *não pode* ser atingido. Qualquer pessoa que se force a deixar o corpo prematuramente descobrirá que, embora possa destruir seu corpo, não pode destruir sua alma. A essência do espírito permanece muito viva! Esta essência não apenas permanece viva; os "problemas" que provocaram o suicídio ainda fazem parte de sua mente.

Quando o espírito compreende o que fez, é geralmente invadido por um sentimento de remorso e fica deprimido. Acredito que muitas dessas almas torturadas estão mental e/ou emocionalmente doentes. Se uma pessoa é mentalmente doente quando está na Terra, precisará de muita compaixão e compreensão no mundo dos espíritos. O mesmo acontece com um alcoólatra ou alguém viciado em drogas. O grau de carência, amor e consideração varia de situação para situação. Muitas vezes, é preciso ajudar as almas viciadas, porque os vícios são levados para depois da morte. É suficiente dizer que, se houver desejo, mestres e seres espirituais com dons de cura estão disponíveis para ajudar a alma a obter paz de espírito e bem-estar.

Felizmente, as preces e pensamentos amorosos da família e dos amigos na Terra ajudam a mudar a atmosfera da aura de depressão e tortura em que vivem essas almas, substituindo-a por um clima de cura e amor. É por isso que é tão importante rezar por aqueles que faleceram. Essas almas acabarão por ganhar consciência de suas naturezas espirituais mais elevadas e começarão a buscar uma forma de sair da situação em que se encontram. Há muitos espíritos do outro lado da vida cuja única responsabilidade é ajudar essas vítimas e amorosamente acompanhá-las às áreas em que podem receber alívio para suas torturas mentais. Acima de tudo, esses espíritos precisam aprender a perdoar a si mesmos.

A Morte Súbita ou Inesperada

Em caso de morte súbita, por acidente, atos de violência ou outras causas, o espírito é forçado a deixar o corpo tão rapidamente, que mal percebe o que aconteceu. Um espírito não sente qualquer dor física neste tipo de morte. Em todas as minhas experiências, nunca vi um espírito relatar que havia sentido dor ao atravessar o pára-brisa de um carro em um acidente, ou tido a sensação de ser esmagado por uma parede durante um terremoto. Neste tipo de morte, acredito que o espírito é literalmente "nocauteado" de modo tão rápido, que não há tempo para registrar qualquer dor ou incômodo. Quando o espírito finalmente compreende a situação, já está fora do corpo físico.

Dependendo do tipo de morte, a pessoa pode perder a consciência, ou ter a percepção espontânea de que está fora de seu corpo, olhando para sua forma vazia de vida. Ela ainda se sente viva e pensa que é um ser físico, até se dar conta de que não é mais. Muitos espíritos me revelaram que tentaram em vão falar com as pessoas à sua volta e ficaram desconcertados quando ninguém respondeu. Embora não possamos ouvir os mortos, eles são perfeitamente capazes de ouvir o que estamos dizendo e pensando.

Logo após a morte, é habitual que um membro falecido da família, ou espírito-guia, venha receber a pessoa que morreu e ajudá-la a ajustar-se às condições desconhecidas do mundo dos espíritos. Entretanto, no caso de uma morte súbita ou violenta, o falecido pode demorar algum tempo para aceitar a situação.

Morte em Grupo

Quando várias pessoas morrem ao mesmo tempo em tragédias, como um bombardeio, um desastre de avião ou uma catástrofe natural, elas partem juntas como um grupo de almas. Elas estão pagando aquilo que é conhecido como *carma de grupo*. Em outras palavras, as pessoas decidem, em um nível espiritual antes do nascimento, morrer juntas para pagar a dívida cármica. Lembre-se de que estou falando sobre as implicações espirituais de tais circunstâncias. Como seres humanos, compartilhamos a dor dessas trágicas perdas de vidas. No capítulo VII, descrevo como tomamos este tipo de decisões espirituais antes de encarnarmos. Por enquanto, tente entender que este tipo de tragédia faz parte do nosso destino espiritual na Terra.

Quando a morte é súbita e inesperada, as pessoas geralmente ficam inconscientes e são expulsas do corpo físico com o impacto. Não há *qualquer dor* quando este tipo de coisa acontece. O espírito vai embora antes que o corpo físico possa sentir qualquer coisa. Por favor, acreditem-me quando digo que neste tipo de situação ninguém se sente ferido ou sofre na hora da morte.

Como este tipo de morte é um choque, e as pessoas não estão preparadas para fazer a transição, seus espíritos muitas vezes ficam no local e vagueiam tentando entender o que lhes aconteceu. Alguns talvez acordem em uma espécie de ambiente hospitalar. Outros podem pensar que escaparam inteiramente do desastre e ainda estão vivos. Em tragédias dessas proporções, as almas individuais geralmente precisam de ajuda e conforto para fazer a readaptação espiritual à nova situação além da vida.

Quando essas almas ganham consciência das circunstâncias e começam a fazer perguntas sobre sua situação, os espíritos-guias ou familiares aparecem e as reúnem, conduzindo-as para um lugar de recepção. Neste local de reunião, guias especializados neste tipo específico de trauma ajudarão as almas recém-chegadas e aflitas, explicando-lhes o que significa sua situação. Alguns espíritos compreenderão perfeitamente os fatos de sua morte e farão a transição com facilidade, enquanto outros precisarão de mais ajuda. Os seres espirituais que trabalham com situações psicológicas problemáticas os ajudarão a aceitar sua nova existência espiritual. Em geral, os problemas são resolvidos quando familiares ou amigos falecidos se encontram com o espírito recém-chegado. As lembranças amorosas ajudam a libertar a mente do espírito da situação trágica.

Seres Presos à Terra

Quando o espírito abandona seu veículo físico, passa a residir em sua contrapartida etérea. Neste estado, o espírito tem uma sensação imediata de paz e liberdade. Do mesmo modo, há uma forte sensação de leveza e flutuação, porque o peso e a gravidade do corpo físico já não existem. O espírito permanece neste duplo etéreo nebuloso e cinzento por um período muito curto, talvez apenas alguns instantes, antes que o invólucro etéreo seja abandonado e o espírito assuma sua forma astral. De certo modo, pode-se dizer que o invólucro etéreo é uma ponte ligando o físico ao astral. Na maioria dos casos, a transição é rápida.

Entretanto, quando um espírito é muito ligado à sua família e não está pronto para aceitar o fato de que morreu, os laços terrenos tornam-se uma espécie de armadilha. Nesta situação, o espírito permanecerá próximo a seu cadáver. Com freqüência, fará tentativas inúteis de comunicar-se com seus familiares. É muito comum que este tipo de espírito assista a seu próprio enterro. Muitas vezes, isto ajuda o espírito a compreender que já não faz parte da existência física. Neste momento, ele finalmente está pronto para seguir adiante, rumo a seu lar espiritual. Ocasionalmente, contudo, um espírito fica "paralisado" e preso à Terra. Às vezes, é o sistema de crença da pessoa durante a vida que a mantém "presa à Terra" após a morte. Deixem-me explicar o que quero dizer quando falo em "sistema de crença da pessoa".

Era uma vez um homem chamado Bill, que vivia no planeta Terra. Ele era agnóstico; não tinha qualquer crença religiosa ou espiritual. Bill só tinha certeza daquilo que podia experimentar. Sua convicção era: "Quando morremos, morremos. Não há nada além disso." Durante sua vida, Bill só se preocupou com duas coisas: ele mesmo e aquilo que possuía. Seu principal objetivo na vida era acumular tanto dinheiro e propriedades quanto possível, mesmo que fosse através da exploração ou em detrimento das outras pessoas.

Um dia, Bill morre e acorda do outro lado. Ele percebe rapidamente que não está "realmente" morto, mas apenas em uma outra forma mais leve. Entretanto, ele ainda possui sua mente terrena e materialista. Impaciente, ele tenta agarrar-se aos seus bens, mas descobre que não pode fazê-lo. Ele não compreende que esta névoa etérea, cinzenta e escura que o envolve é apenas uma sombra do mundo físico que conhece. Inconsciente e despreparado, Bill continua a vagar pela Terra como um fantasma, visitando sua casa e contactando sua família, na tentativa de comunicar-se com eles. Este estado "intermediário" pode durar algumas horas, meses, ou mesmo anos, dependendo do desejo de Bill de deixar o mundo físico para trás e passar para os domínios astrais mais elevados. Felizmente, ninguém precisa passar pela mesma confusão de Bill; basta manter algum tipo de consciência espiritual mais elevada.

Há alguns anos, conheci essas entidades presas à Terra através de um amigo. Mike ensinava história mundial na universidade e era tão racional, que não podia ser convencido de que o mundo espiritual existia. Mike sabia que tipo de trabalho eu fazia e chegou mesmo a participar de algumas das minhas sessões, mas não acreditava em nada. Mesmo quando eu transmiti mensagens de vários de seus familiares já falecidos, ele não deu muito crédito. Hoje, percebo que ele participou dessas sessões apenas para me agradar. Durante nossa amizade, ele adoeceu gravemente e ficou desesperado. Procurei tranqüilizá-lo dizendo inúmeras vezes que a vida não termina, mas nada do que falei ajudou a acalmá-lo. Foi ficando cada vez mais amargo e recluso.

Mike morreu pouco tempo depois do diagnóstico. Dois dias após sua transição, ele me visitou, vindo do lado espiritual. Recordo-me nitidamente desta visita. Era de manhã cedo, quando fui subitamente acordado pela aparição de um corpo etéreo de um metro e oitenta, brilhando fracamente ao pé da minha cama. Ele parecia tão real, com seu cabelo louro, que eu não podia acreditar. Ele olhou para mim e perguntou através do pensamento: "Estou morto?" Enviei de volta meu pensamento: "Sim, Mike, você está morto." Ele agradeceu: "Obrigado." E desapareceu. Logo após sua saída, notei a presença de uma mulher africana vestida com trajes tribais inacreditáveis. Soube instintivamente que ela era um dos guias espirituais de Mike. Ouvi-a dizer para mim: "Obrigada. Ele precisava ouvir isto de alguém que ele conhecesse." Em seguida, ela também desapareceu.

É triste pensar que o mundo está cheio de seres ainda presos à Terra. Alguns, como Mike, percebem rapidamente que estão "paralisados" e passam rapidamente para o mundo espiritual. Outros não têm tanta sorte. Vagueiam pelo plano físico e "assombram" os vivos, influenciando os seres humanos mais suscetíveis. São "aprisionados" em um estado intermediário entre o mundo da carne e o mundo do espírito. É uma pena que os nossos sistemas de crença rígidos e restritivos não morram quando deixamos o corpo físico. Ao contrário, essas certezas nos acompanham para o outro lado.

O mesmo pode ocorrer se uma pessoa abandona o corpo violentamente. Novamente, um espírito fica perdido porque não está preparado e não compreende o que aconteceu. Em muitas dessas situações, o espírito continua a fazer o que fazia na Terra até perceber que o corpo está morto e que passou para o outro lado. Muitas vezes, os espíritos ficam com raiva dessas mortes inesperadas; muitos tentam até mesmo se vingar. Felizmente, há seres espirituais cuja função é ajudar esses espíritos perdidos a seguir adiante, rumo à expressão mais elevada da vida.

A transição do mundo físico para o mundo espiritual é

natural e indolor. Entretanto, nossa cultura transformou esta passagem em um acontecimento que inspira um enorme medo e para o qual as pessoas não se encontram bem preparadas. Isto mantém os espíritos presos à Terra, porque não sabem onde estão quando chegam do outro lado. Por isto é importante ganharmos uma compreensão do fenômeno da morte – para que a transição de todos seja fácil, tranqüila e completa. Precisamos apenas entender que a morte é uma porta para a vida eterna e que há *mais coisas por vir.*

V

Os Domínios Espirituais

Hence, in a season of calm weather
Though inland far we be,
Our Souls have sight of the immortal sea
Which brought us hither,
Can in moment travel thither,
And see the children sport upon the shore,
And hear the mighty waters rolling evermore.[4]

– William Wordsworth,
Intimations of Immortality

Como Wordsworth disse tão bem, estamos em uma viagem infinita entre a Terra e o Céu. Como em qualquer viagem, há sempre a expectativa de uma aventura excitante. Não seria bom se a última viagem da vida atendesse a todas as nossas expectativas? A verdade é que já fizemos esta viagem muitas vezes e a faremos ainda muitas outras.

[4]Por esta razão, em uma estação de tempo bom,/Ainda que estejamos muito longe da costa,/Nossas almas enxergam o mar imortal/Que nos trouxe aqui/E pode em um instante nos levar para lá,/E vêem as crianças brincando na praia,/E ouvem as águas poderosas ondulando para sempre.

Quando uma pessoa deixa o mundo físico, ela abandona um corpo denso e pesado que habitou um mundo igualmente denso e pesado. Essa transição pode ser comparada a tirar um sobretudo de inverno, ou a uma cobra trocando de pele. Em essência, o que fazemos é a mesma coisa. Quando morremos, não precisamos mais de nossa forma humana, e por isso a abandonamos. Nada se perde, à exceção do corpo físico. A alma permanece intacta; os corpos astral, mental e espiritual ainda estão vivos e bem. Mesmo nossa personalidade, com todos os seus sentimentos, preferências, desagrados, emoções e desejos, permanece a mesma.

Entrando em um Novo Mundo

Uma pessoa sempre começa uma nova existência naquilo que é conhecido como o mundo astral, seja qual for seu grau de sua evolução espiritual. Sob muitos aspectos, o mundo astral é tão sólido e real quanto a Terra física – uma espécie de contrapartida etérea da Terra. Este mundo invisível (para nossos olhos físicos) interpenetra a Terra e se estende a seu redor, e é feito de uma energia etérea que vibra em freqüências situadas além do espectro físico. O mundo astral é composto de vários níveis, e cada nível corresponde a uma freqüência etérea específica.

O nível do mundo astral mais próximo da Terra física pode ser descrito como uma espécie de área de recepção. Esta região é importante para as almas recém-chegadas por duas razões. Em primeiro lugar, ela fornece um ambiente que reproduz a Terra de todos os modos possíveis.

Enquanto uma existência multidimensional, possui casas, edifícios, universidades, teatros, jardins, lagos e tudo o que nossas mentes materiais são capazes de reconhecer. Isto suaviza o choque da saída de um mundo sólido e físico. Além disso, é um lugar que permite ao espírito acostumar-se gradualmente ao mundo além da vida na Terra. No mundo astral, um espírito começa a viver uma existência mais rarefeita e espiritual, e precisará desfazer-se de suas lembranças, comportamentos e desejos terrenos do passado.

Um espírito recém-chegado irá gravitar no nível específico do mundo astral que corresponda à freqüência da vibração de seu corpo astral. Ele entrará envolvido em um corpo astral real e tangível, e tudo será tão real lá quanto era aqui.

O Ponto de Vista de um Espírito

Tive muitas oportunidades de trazer mensagens relativas às condições encontradas pelos espíritos quando entram no mundo astral. Transcrevo a seguir um exemplo maravilhoso dessas sessões. É uma história bastante típica da entrada de um espírito. Mas, por favor, não se esqueçam de que há formas diferentes de chegar, assim como há formas diferentes de morrer.

Uma moça veio me ver, querendo contactar sua mãe. Ela era muito cética a respeito de tudo. Estava se sentindo culpada por não ter estado presente quando sua mãe morreu e queria algum tipo de prova de que ela estava bem. O nome de sua mãe era Molly, e esta é sua descrição da entrada no mundo dos espíritos:

"Eu me lembro que tudo parecia muito estranho. Só posso descrever a sensação dizendo que era como se tivesse acordado de um sonho. Eu me vi em uma espécie de hospital. Bem, parecia um hospital, mas era muito bonito e alegre. Eu sabia ou me lembrava de que havia estado em um hospital e que não conseguia respirar, mas era um hospital muito lúgubre e frio. Este era exatamente o oposto. Eu não me sentia mais doente, nem precisava mais de oxigênio. Eu me sentia tão bem; queria saber onde estava. Olhei em volta e vi outras pessoas que também estavam deitadas. Tudo parecia muito natural. É a única maneira de descrever a situação – natural.

O homem à minha frente disse que achava que estava morto, porque sabia que havia estado em um incêndio. Ouvi-o dizer: 'Aposto que isto é o céu.'

Então uma senhora entrou na sala e veio até mim. Seus olhos eram incrivelmente azuis; achei que não eram de verdade, mas eram. Ela falou comigo de um modo cheio de compaixão, mas sem usar palavras. Era uma espécie de telepatia mental, mas eu podia ouvir e entender cada palavra do que ela dizia. Senti-me estranha a princípio, mas havia algo nela que parecia muito familiar. Eu não conseguia identificar o que era. Assim que pensei isto, ouvi-a falando comigo, na minha cabeça:

– Sou eu, Jennie. Nós brincávamos juntas na fazenda quando éramos crianças.

Eu não podia acreditar, mas, quando olhei dentro de seus olhos e vi seu sorriso doce, percebi que ela tinha razão. Era Jennie Gallagher. Nós brincávamos juntas quando éramos crianças. Eu me lembrava de que ela tinha morrido de febre reumática quando tinha oito anos.

– Como você pode estar aqui? Eu achava que você tinha morrido!

Ela me disse mentalmente: 'Eu morri. Você morreu também.' Por um instante fiquei chocada. Então, Jennie me lembrou como éramos amigas na infância e como eu ficara zangada e perturbada quando ela morreu. Cheguei a pedir a Deus que me levasse para o céu com Jennie.

– Quando éramos crianças, nós fizemos um pacto, lembra? Quem chegasse primeiro ao céu viria dar as boas-vindas à outra! Bem, estou aqui!

Quando ela disse isso, a lembrança inundou minha mente como se eu tivesse acabado de ter aquele pensamento e subitamente fui invadida por uma sensação de suprema alegria e felicidade. Naquele momento, Jennie me convidou a acompanhá-la.

– Onde vamos?

– Sair da área de recepção.

Não entendi por quê: – Mas eu estou doente!

Ela riu: – Este estado só existia na sua cabeça. Você agora é um espírito e está perfeitamente bem.

Antes que eu me desse conta, havia saído da cama e estava meio que deslizando para a frente do edifício com jeito de hospital. Lembro-me de ter pensado que estava muito bem vestida, e Jennie me disse que havia me vestido em pensamento.

– Tudo aqui é feito com o pensamento – ela explicou.

Segui Jennie e saímos para um belo pátio, cheio de pessoas bem vestidas; senti-me como se estivesse em uma espécie de procissão de Páscoa.

Jennie me disse: – Há outras pessoas esperando para ver você. A gente se vê mais tarde.

Desci a escada até o pátio. É difícil descrever como tudo era bonito. Era mais do que um dia maravilhoso de primavera: era perfeito. Todos sorriam e eu sentia a alegria geral. As crianças brincavam em jardins cercados por fontes maravilhosas.

A próxima coisa que vi foi um jovem casal de pé junto à escada. Eles estavam sorrindo para mim. Novamente, achei que os conhecia, mas eles estavam diferentes daquilo de que eu me lembrava. Quando desci os degraus e cheguei mais perto, eu os reconheci. Eram eles mesmos, minha mãe e meu pai, Gertrude e Jed!

– Não acredito que são vocês! – gritei, alegre.

Minha mãe acariciou minha cabeça: – Está tudo bem, não chore. Você verá como tudo é real, assim que parar de pensar com sua mente terrena e adaptar-se a seu eu espiritual.

– Por que você está tão jovem?

Ela respondeu: – Quando você se transforma em espírito, pode escolher a aparência e a idade em que se sente mais à vontade. Escolhemos ter trinta anos porque adoramos esta época da vida.

Conversamos mais um pouco no jardim. Eu estava me sentindo muito bem. Então, comecei a ver outros membros da minha família. Meu irmão Barney estava lá, meus avós, minha tia e Jim, meu tio favorito. Tio Jim tinha me ensinado a cavalgar na fazenda. Todo mundo parecia tão cheio de vida. Eles insistiram comigo para que eu descansasse e curtisse uma vida livre de problemas de saúde e das preocupações que eu tivera na Terra.

Eu me lembro de ter dito a eles: – Tudo parece tão real, tão real mesmo.

Logo depois, minha mãe me levou para sua casa, para que eu descansasse. Era a mesma casa em que nós morávamos quando eu era menina, com as mesmas cortinas na cozinha, balançando pela janela da frente. Ela me levou para o meu quarto, onde havia uma cama. Era exatamente a mesma cama que meu pai tinha feito para mim. Encostei a cabeça no travesseiro e caí no sono mais profundo e tranqüilo que já tive. Imediatamente antes de adormecer, lembro-me de ter pensado: '*Agora* eu sei o que a expressão *bem-vinda ao lar* quer dizer realmente'."

Após duas horas fantásticas, terminei a sessão. Parei por um instante para agradecer a meus espíritos-guias e em seguida olhei para a filha de Molly. Ela estava sentada, tranqüilamente, e lágrimas rolavam por seu rosto.

Ela murmurou: – É ela, é minha mãe. Ela tinha mesmo uma amiga de infância chamada Jennie. Ela me contou. E os nomes dos pais dela eram esses mesmo. E ela adorava o Tio Jim. Ela me contou histórias sobre como ele a ensinou a cavalgar. Agora sei que é real. Eu tive um sonho na semana passada e vi mamãe nessa cama. Eu tenho uma foto dela de pé ao lado da cama. Meu avô a fez para ela. Estou feliz porque ela está bem e em casa. – A moça enxugou suas lágrimas e me abraçou, agradecendo-me.

O Mundo Astral

O mundo que a mãe de Molly descreveu é chamado às vezes de *Terra do Verão*. Este mundo astral é, sob muitos aspectos, tão sólido quanto a Terra física, embora sua energia seja leve e etérea. Quando uma alma faz a transição para o nível astral da existência, ela entra com seu corpo astral. Assim como o corpo etéreo, abandonado na hora da morte, o corpo astral é uma cópia exata e completa do corpo físico, com braços, pernas, dedos das mãos e dos pés, etc. Mas ele não tem qualquer doença ou fragilidade. Por exemplo, uma pessoa cega ou surda, ou que precise de uma cadeira de rodas, ou que tenha alguma doença terrível que deteriorou seu corpo, não trará estas deficiências para os domínios espirituais. Ainda que perca um braço ou uma perna em uma explosão, ou que o corpo seja totalmente destruído em um desastre ou em uma guerra, o espírito chega na forma perfeita. Essas aflições são apenas efeitos de um corpo físico em um mundo físico. Elas *não* existem no mundo ou no corpo espirituais.

O corpo espiritual é completo e perfeito,
e não pode ser destruído ou danificado.

Embora os nossos corpos espirituais cheguem em perfeitas condições, nossas personalidades, formadas por lembranças, preconceitos, anseios e sensibilidades acumuladas, não mudam. De fato, toda a nossa perspectiva mental e emocional permanece completamente inalterada. Tudo o que vivenciamos no mundo físico fica inscrito na configuração da alma. De certo modo, isto é um pouco irônico. Na Terra, passamos muito tempo procurando garantir uma boa aparência física e dedicamos pouquíssimo tempo às coisas que importam, tais como melhorar os relacionamentos ou ser mais verdadeiro consigo mesmo. Depois que morremos, todo o cuidado que tivemos com o corpo não terá importância alguma, porque estaremos ótimos de qualquer modo. Entretanto, permanecerão os mesmos problemas e incertezas que achávamos que desapareceriam com a morte.

Uma alma recém-chegada encontra-se em um nível espiritual formado pela combinação de traços de caráter e de diversas experiências terrenas vividas antes da morte. Em outras palavras, a alma gravita em um estado de existência que contém seus interesses. As almas com interesses próximos reúnem-se no mesmo nível espiritual.

Ilusões Terrenas

Uma das primeiras revelações que toca os espíritos ao entrarem no mundo astral é uma ausência de tempo.

O tempo não existe no mundo espiritual.

Entretanto, como o espírito saiu há tão pouco tempo de um mundo de relógios e calendários, a lembrança do tempo ainda está muito forte nos processos de pensamento e a inclinação natural é indagar-se que dia é hoje. Um espírito pode pensar que esteve fora do corpo físico por apenas alguns momentos, quando no tempo da Terra já saiu há três dias. A percepção desta discrepância faz com que o espírito entenda que já não está preso às limitações do mundo físico. Nas regiões espirituais, o tempo não é medido pela posição do sol e das estrelas, mas pelo envolvimento na experiência. Um espírito tem, literalmente, todo o tempo de que precisa; sua preocupação é muito mais com aquilo que quer fazer do que com o tempo necessário.

Outra coisa muito confusa para os espíritos que chegam é o fato de que, no mundo astral, as fronteiras e leis físicas, tais como gravidade, som e velocidade, não se aplicam mais. Os espíritos descobrem rapidamente que não precisam obedecer aos limites de um mundo fixo. Na quarta dimensão e além dela, os espíritos podem estar em vários lugares ao mesmo tempo, e o meio de transporte é o pensamento. Os espíritos não precisam falar, porque podem ler os pensamentos uns dos outros. Como disse antes, neste além da vida todas as situações são criadas por nossos pensamentos.

Os familiares na Terra acham que os entes queridos falecidos que estão do outro lado passam a conhecer todo o plano da criação e esperam que todos os segredos do céu lhes sejam revelados. Muitas vezes me perguntam: "Por que um espírito não pode me dar as respostas?", ou "Se ela me amasse, ela certamente me ajudaria". A verdade é que os espíritos nos amam o suficiente para não nos dar as respostas. Eles sabem que, para que os seus seres amados possam crescer e avançar, é preciso que passem pelas experiências para que aprendam por si mesmos. Os espíritos não atrapalham o nosso crescimento espiritual dando-nos respostas que nos tirariam a necessidade de compreender determinadas situações. Precisamos passar pelas experiências para ganhar sabedoria e voar mais alto.

Embora um espírito recém-chegado tenha uma expansão ou um aguçamento da consciência, seu conhecimento limita-se ao nível espiritual no qual se encontra. E, à medida que sua consciência se expande, a percepção mais importante que ganhará será uma compreensão mais ampla de sua comunhão harmoniosa com todas as coisas. Um espírito percebe que está unido por um denominador comum a todas as outras expressões de vida. O ingrediente que torna todas as coisas possíveis é o inquebrantável e infinito elemento do *amor.*

Uma Ocasião para Refletir

Juntamente com esta percepção de unidade, o espírito passa a conhecer toda a composição de sua alma. Conhece claramente a história completa das experiências de suas vidas. Há um momento em que o espírito começa a julgar e examinar cada experiência, momento e ocasião de sua vida passada. Examina cada pensamento, sentimento e ação, e vê o que contribuiu ou prejudicou o crescimento de sua alma. Em outras palavras, faz uma verificação comparativa, avaliando seu desempenho em relação ao plano original da alma.

Neste processo de reavaliação, a alma às vezes percebe que, para extrair toda a sabedoria possível de uma dada experiência, talvez seja necessário repetir uma situação semelhante em uma existência futura na Terra. Isto dá início àquilo que se conhece como processo cármico, isto é, a transmissão de uma experiência de uma vida para outra, de modo a ganhar consciência espiritual. O objetivo do processo não é punir ninguém por ter feito algo "errado". É apenas uma avaliação espiritual da experiência. Se uma alma acredita que pode refazer melhor uma experiência, ela voltará para repeti-la. Um ser espiritual reconhece sua imortalidade; sabe que é responsável por todas as situações que causou no passado e por todas aquelas que criará no futuro.

O Mundo que Criamos

Uma imagem muito comum do céu é a de um lugar cheio de anjos alados tocando harpa e flutuando nas nuvens. Isto é apenas um mito. O lar de um espírito nos domínios do espírito é um reflexo preciso das suas conquistas na vida e/ou das suas transgressões na Terra. Depois de ter se adaptado a seu novo mundo, é muito comum que uma alma recém-chegada seja recebida por um espírito-mestre e levada, por assim dizer, para fazer uma volta em que possa conhecer os vários níveis e expressões da vida espiritual. Esta excursão demonstra tanto o nível de consciência da alma atingido por um espírito quanto o nível de crescimento espiritual que ele pode alcançar. Há tantos níveis de regiões espirituais quanto de estruturas mentais. Costumo dizer às pessoas em minhas palestras: "Vocês são responsáveis pela criação de seu céu ou de seu inferno, a partir de seus pensamentos, palavras e ações." O ambiente está dentro de cada um. As pessoas comuns que tentam levar uma vida decente na Terra, respeitando os outros e demonstrando amor sempre que podem, não precisam se preocupar com a existência após a vida. Elas gravitarão em um nível maravilhoso de paz, alegria e amor ilimitados. Com base nas inúmeras sessões que já fiz, vamos dar uma olhada em como deve ser o ambiente de uma pessoa normal de bom coração, quando ela se tornar espírito.

Quando você começa a olhar em volta, a primeira coisa que observa é uma beleza incrível. Você descobre jardins maravilhosos e bem cuidados por todos os lados, com flores explodindo em cores brilhantes. As cores vivas do mundo espiritual estão além do nosso espectro natural e terreno. Tudo neste ambiente é literalmente "luminoso" e claro como água. A luz desses domínios não vem de qualquer sol ou estrela; é conhecida como luz astral. Esta iluminação faz as cores mudarem, de modo a complementar um tipo particular de ambiente. Como todas as coisas são harmoniosamente ligadas, podemos pensar nesta efervescência reluzente como um reflexo da luz que brilha em cada espírito.

A próxima coisa que notamos é o aroma. A atmosfera rarefeita, juntamente com o cheiro doce de cada flor, cria um perfume angelical. Os espíritos muitas vezes contam que tiveram instantaneamente sua sensibilidade aguçada para o aroma deliciosamente doce do ambiente. Não há palavras para descrever o perfume e a beleza insuperáveis deste lugar celestial. É um mundo perfeito, repleto de prados ondulantes de cor verde-esmeralda e florestas magníficas. Essas árvores generosas não precisam de poda ou cuidados; suas folhas não caem. Todas as coisas estão cheias de vida e em perfeita harmonia entre si. Este pedaço de céu é um lugar em que nada está fora de ordem, onde tudo está em harmonia.

Além da beleza, há escolas de conhecimento sediadas em construções extraordinárias, criadas com materiais desconhecidos para nossas mentes terrenas. De fato, as construções parecem ter uma qualidade translúcida, opalina. Talvez venha daí a expressão *portões de pérola.*

É possível encontrar qualquer tipo de educação e instrução nessas grandes construções – arte, música, línguas, filosofia, ciências ou arte dramática. Cada local de aprendizado tem sua própria *atmosfera de pensamento.* Este ambiente de pensamento é criado a partir dos sentimentos das pessoas que cultivam seus interesses e do amor do arquiteto que usou seu talento para desenhar a construção. Todos compartilham do significado do local e da visão da pessoa que o criou.

Criando Seu Lar

Você terá até mesmo uma chance de criar o ambiente para seu próprio lar no nível astral. Talvez você queira ter um pequeno chalé com seu próprio jardim, cercado por um riacho murmurante em algum lugar no campo. Isto é possível. Você será capaz de conceber e criar sua própria casa com seus pensamentos, ou então ter um arquiteto que ajude a desenhá-la. Em geral, os espíritos constroem réplicas exatas de suas moradias terrenas, porque sentem-se mais à vontade em um ambiente familiar. Mas se um espírito escolhe morar em um palácio, ele precisa ter a consciência necessária para criá-lo. Se, na Terra, um espírito tinha baixa auto-estima e uma estrutura mental propensa à autopiedade, é muito improvável que vá criar um palácio no céu. Ou, se um espírito não quiser uma casa grande, ainda que a tivesse na Terra, ele pode criar alguma coisa inteiramente adequada a seu gosto, como uma cabana na floresta. O que quer que seja construído, trata-se *inteiramente* de um reflexo e de uma representação da natureza daquela alma em particular.

Vivendo Seus Desejos

Quando entramos no mundo astral, nossas emoções e desejos mais profundos e nossos gostos e desagrados mais acentuados nos acompanham. Essas qualidades ainda fazem parte de nosso ser, pois ainda não as vivenciamos inteiramente. Assim, em espírito temos finalmente as oportunidades de manifestá-las e de viver plenamente todos os nossos sonhos e desejos.

Por exemplo, digamos que você sempre tenha desejado pintar, mas não soubesse como. No mundo astral, você pode finalmente vivenciar a alegria e a satisfação que a pintura lhe daria. Talvez você sempre tenha querido saber dançar ou ser um cientista. Aqui é possível satisfazer esses desejos. Tudo é criado com o pensamento, e tudo o que um espírito precisa fazer é aprender a instilar vida em seus pensamentos, e assim realizar um sonho.

Em espírito você será capaz de realizar desejos que têm laços emocionais e sentimentais fortes. Quanto mais forte for um desejo, tanto maior será sua duração, ou maior será o tempo de que você precisará para desligar-se dele. Uma vez, quando estava dando uma entrevista para a televisão, fiz uma leitura para uma moça da platéia. Durante a leitura, seu pai apareceu e ela perguntou o que ele estava fazendo. Seu pai lhe disse que estava se divertindo muito nas corridas, apostando em cavalos!

O anfitrião do programa lançou-me um olhar desconfiado e disse: "Ah, você está querendo dizer que há corridas de cavalos no céu?"

Eu respondi: "Bem, para este homem, isto é o céu. Ele gosta disso." Ele meneou a cabeça e levantou a sobrancelha, como se dissesse *este sujeito é louco.*

Mas a menina virou-se para mim e exclamou alegremente: "É meu pai! Ele ia às corridas todos os sábados!"

Então, você vê, o mundo astral é feito daquilo que queremos e daquilo que sentimos que precisamos. Esses desejos estão alojados na parte inferior de nossas personalidades; não fazem parte do lado espiritual sublime de nosso ser. Quando o espírito percebe que não precisa mais desses desejos, é fácil abandoná-los. O mundo astral é como um acerto de contas; ele nos ajuda a livrar-nos de nossos anseios emocionais terrenos.

Abandonando os Velhos Hábitos

Quando entramos no mundo dos espíritos, não são apenas nossos sonhos e desejos que permanecem vivos; continuamos apegados também a nossos velhos hábitos. Como este nível espiritual fica próximo à atmosfera terrena, nosso corpo mental e emocional ainda apresenta todas as armadilhas da vida na Terra. Alguns espíritos continuam a sentir necessidade de seus hábitos e vícios. Por exemplo, não é raro que uma pessoa que era um fumante inveterado nesta vida terrena continue a fumar no outro lado. Além dos cigarros, os espíritos materializam o álcool, as drogas ou suas comidas favoritas. Muitos dos hábitos são tão fortes, que a alma os vivencia repetidamente, até estarem *esgotados*. Finalmente, quando uma alma compreende que o hábito atrapalha seu crescimento espiritual, ela abandonará as pesadas espirais do desejo e se elevará.

O tempo gasto nos muitos níveis do mundo astral varia de espírito para espírito. Cercado pelas criações de seus próprios desejos e anseios, o espírito permanece nesta região enquanto tiver afinidade com essas energias. À medida que um espírito desfaz-se dos entulhos durante sua readaptação astral, está, essencialmente, preparando-se para novas oportunidades quando retornar à Terra em outra ocasião.

A Terra Escura

Embora seja impossível descrever detalhadamente todos os níveis que existem no mundo astral, basta dizer que há alguns menos sublimes. Para dar uma visão geral, acho que seria bom descrever uma situação extrema do nível astral, conhecida como inferno. Esta região astral inferior não é um lugar de beleza e doçura. Ao contrário, é uma condição criada pelos pensamentos, palavras e ações daqueles que produziram dor e sofrimento na Terra. Todos nós colhemos o que plantamos. Não há exceções. Assim, um espírito que tenha vivido uma vida terrena de injustiça, crueldade e ódio pode encontrar-se aqui.

Esta região inferior vibra em um ritmo muito mais lento do que as regiões superiores. A luz aqui é baça e vai diminuindo até chegar a uma escuridão quase indistinta. A atmosfera nesta região lembra uma cena de um romance de Dickens. Um odor forte e desagradável está por toda parte. Figuras fantasmagóricas contorcem-se, andando de um lugar para outro em uma dança aparentemente infinita de inquietude. Não há qualquer refúgio seguro para uma alma atormentada que tenta escapar de sua própria baixeza. O corpo astral de um espírito nas regiões inferiores não é o mesmo daqueles que se encontram nas esferas celestiais. Está às vezes deformado ou mutilado, e parece destruído e miserável. As construções deste nível não são feitas de mármore e pedra, mas de madeira podre empilhada.

Os espíritos desta região sombria alimentam atitudes mentais de ódio, maldade e da necessidade de controlar os outros; são regidos pelos elementos mais baixos do mundo físico. Os habitantes podem ser assassinos, estupradores, ladrões, caloteiros, trapaceiros, torturadores ou qualquer pessoa que tenha feito mal a outro ser humano. Muitas vezes pensamos nessas pessoas como almas perdidas, o que de certo modo são, pois vagueiam sem objetivo e se atacam entre si. Uma alma permanece neste antro escuro até que todos os seus desejos mais vis estejam esgotados. Somente quando alcança uma consciência espiritual, a alma pode passar aos espaços superiores do plano astral. Quando uma alma depravada tem alguma percepção do mal que fez, um espírito-guia aparece imediatamente para ajudá-la. Ninguém está realmente perdido, porque a energia da Força de Deus está dentro de cada alma.

Há muitos outros lugares tenebrosos habitados por espíritos. Talvez não sejam fisicamente tão repulsivos quanto este que descrevi; entretanto, são desolados. Assim como o inferno, estes locais são formados por atitudes mentais negativas e pela escuridão da ignorância espiritual.

VI

O Espírito em Evolução

I hear beyond the range of sound.
I see beyond the range of sight,
New earths and skies and seas around,
And in my noon the sun doth pale his light.[5]

– Henry David Thoreau,
Inspiration

Muitas vezes me perguntam: "Quanto tempo ficamos do outro lado?" e "Ficamos em um só lugar, ou vamos para outras dimensões?". Durante minhas sessões, sou capaz de dizer se um espírito já evoluiu para os mundos celestiais mais elevados pelo modo como transmite seus pensamentos e sentimentos. Muitas vezes, digo para um cliente: "Sinto que este homem está do outro lado há pelo menos dez anos", ou "Esta mulher acaba de chegar". Percebo a diferença pela clareza, ou falta de clareza, dos pensamentos que um espírito envia e pelo tipo de emoção presente nas mensagens.

---

[5]Ouço além do alcance da audição./Vejo além do alcance da visão,/Novas terras e céus e mares por toda parte,/E em meu meio-dia o sol torna pálida sua luz.

Por exemplo, um espírito recém-chegado pode transmitir sentimentos e pensamentos de modo muito ansioso, carregado de emoções. Seus traços de personalidade são espantosamente óbvios, pois ele ainda tem um modo "terreno" de pensar. Quando um espírito está no mundo espiritual há mais tempo, ele se comunica de forma muito diferente. Em geral, a transmissão é bastante calma; os pensamentos são lúcidos e fáceis de entender. As mensagens transmitidas, além de equilibradas, são logo compreendidas pelas pessoas amadas com quem desejam entrar em contato.

O mundo astral é como um passo intermediário na progressão de um espírito, um lugar onde todas as necessidades emocionais básicas e inferiores são vividas até a exaustão. À medida que um espírito prossegue na sua viagem, mais cedo ou mais tarde perderá o interesse pelos sonhos e anseios terrenos e começará a despertar para um aspecto mais elevado de sua consciência. Quando uma alma está pronta para evoluir, todas as velhas lembranças e padrões de pensamento terrenos são abandonados.

A Vida Mais Elevada

O abandono dos padrões terrenos e dos elementos inferiores do corpo emocional purifica e ilumina a personalidade. À medida que estes resíduos são deixados para trás, desintegrando-se nas regiões astrais inferiores, o espírito passa por um outro tipo de morte. O hinduísmo e o espiritualismo chegam mesmo a chamá-la de segunda morte, quando os corpos inferiores do espírito de uma pessoa são abandonados. Esta morte permite à alma avançar para uma esfera espiritual mais elevada e tornar-se um ser mais iluminado. O espírito entra no verdadeiro mundo do Céu.

Este "Céu" não é um "lugar" diferente, pois não há fronteiras físicas no mundo espiritual. A "geografia" não é delineada do mesmo modo que na Terra. Em vez disso, há freqüências de vibração diferentes, e os espíritos mais evoluídos gravitam nas freqüências etéreas mais altas. Quanto mais alta a freqüência, mais brilhante e pura a luz da região. Quando digo "região", estou na verdade me referindo a um estado de consciência. Quando os espíritos alcançam esta freqüência mais elevada, ressoam e refletem a glória da essência harmônica divina.

Nos domínios mais elevados, todo mundo está no mesmo nível de compreensão espiritual, como uma sinfonia de seres cantando harmoniosamente. Para alguns, isto pode significar uma reunião com membros de sua família terrena. Para outros, pode ser um encontro com antigos amigos e amantes de encarnações anteriores. Também estarão presentes espíritos que nunca estiveram na Terra, mas que são familiares aos demais. Cada membro do grupo tem sua própria maneira de contribuir para elevar e aprimorar os outros; por isso, todos se sentem completos e plenos quando estão juntos. O termo geralmente utilizado para este tipo de família espiritual é *almas de grupo* ou *grupo de almas.* Estes grupos mantêm uma afinidade através de laços cármicos e de experiências de vidas terrenas anteriores. Espíritos-guias formam um laço com este grupo e desempenham um papel importante na vida de cada espírito.

Nesta atmosfera celestial não há qualquer necessidade de expressar pensamentos e sentimentos, porque os espíritos da luz mais elevada têm conhecimento total. Embora na Terra nossos pensamentos e sentimentos possam ser ocultados, isto não é possível no mundo espiritual. Cada pensamento de um espírito é visível e aparece como sua própria emissão de luz interior. Neste nível de consciência, os espíritos são muito mais do que suas personalidades recentes. São seres espirituais completos e integrais que incorporaram todas as suas experiências e personalidades terrenas à sua comunhão com Deus.

Tudo nas regiões celestiais mais elevadas é purificado até atingir a maior pureza de cada elemento. A luz de todos os espíritos combina-se com a luz divina e tudo entra em comunhão com esta luz. É por isso que às vezes é difícil obter detalhes explícitos de espíritos que já se encontram há muito tempo nos domínios mais elevados. Eles já não estão sintonizados com a consciência terrena.

Muitas almas evoluídas já tentaram atravessar o véu para transmitir aos seus seres amados a "luz" e a "plenitude" do mundo no qual residem, descrevendo o modo como em seu ambiente tudo se integra e se une ao todo. Falaram da expressão perfeita de um pensamento, ou da síntese de uma nota musical, cada um deles contendo a imensa plenitude da luz de Deus.

É um mundo magnífico, repleto de uma imensa beleza e de gloriosas paisagens. Os espíritos *sentem* e compartilham a vida de cada pedacinho de grama, cada folha de cada árvore e cada pétala de cada flor. Há um uníssono total nesta canção divina. A música não é apenas ouvida, mas também inteiramente vivenciada em cada parte de cada ser. Os ambientes são radiosos, estão vinculados em uma ordem extraordinariamente agradável e ligados por um sentido de comunhão e unidade.

Até mesmo as construções são feitas apenas com os materiais mais puros derivados das qualidades mais elevadas da mente. As estruturas não são sólidas, mas etéreas, e brilham à luz de Deus. É difícil descrever sua aparência; a imagem que mais se aproxima é a dos hologramas. Um espírito pode escolher ter uma casa ou local de residência neste nível, mas não pelas mesmas razões do nível inferior, onde as casas são construídas por algum tipo de necessidade. Tudo aqui é feito simplesmente pela alegria de fazê-lo, e é uma mistura dos mais puros pensamentos criativos que expressam o amor do divino.

Um espírito também pode desejar ter uma aparência "física" na esfera mais elevada. Pode decidir mudar a aparência que tinha na última encarnação para aquela que viveu há centenas de anos, mas qualquer aparência que escolha será perfeita. Pode decidir usar roupas, mas não as roupas que usamos na Terra. Os trajes são deslumbrantes e brilhantes e a cor e o brilho das vestes espirituais refletem a consciência interior de um espírito. As vestes são absolutamente secundárias em relação à intensidade da luz que emana de seu interior.

Uma Atmosfera de Cura

Quando um espírito entra pela primeira vez no mundo

astral inferior, recebe a oportunidade de superar seus desejos emocionais inferiores. Nas regiões mais elevadas, tem oportunidade de utilizar as qualidades mais refinadas de seu corpo mental. O espírito gastará a maior parte de seu tempo buscando compreender e usar pensamentos e idéias, o que é um passo importante em seu crescimento. Ao fazer isso, o espírito apóia o desenvolvimento mental de outros espíritos nos domínios inferiores e terrenos. Tive o privilégio de ouvir espíritos contarem suas experiências nas regiões mais elevadas. A mensagem que relato a seguir me foi transmitida por um espírito durante um estado de transe em uma visita a um centro de curas no Brasil:

"A primeira coisa que me chamou a atenção foram as construções. Eram prédios de uma cidade grande, mas diferentes das cidades na Terra. Muitas das construções eram de forma e estilo parecidos e complementavam-se entre si. Todas combinavam perfeitamente, como se tivessem sido encaixadas no lugar como peças de um quebra-cabeça. As construções pareciam feitas de substâncias semelhantes a jóias, como madrepérola e diamantes. Todas as cores brilhavam e combinavam-se em perfeita harmonia. Quanto mais eu olhava para as construções, mais percebia que a luz refletia o tipo de tarefas desempenhadas em cada estrutura particular.

Assim que me perguntei sobre o que estaria acontecendo em um edifício, eu me vi do lado de dentro. A luz era ofuscante. Havia um grande grupo de almas sentadas em uma espécie de teatro de arena. Cada uma estava concentrando seu pensamento no centro da arena, onde um espírito dormia. Percebi que era um centro de cura. Não havia necessidade de falar, porque era muito fácil ler a mente umas das outras. Quando olhei mais de perto, vi uma bela luz branca e violeta cercando a alma adormecida. Os espíritos estavam enviando a luz divina para o indivíduo doente, buscando acelerar sua vibração e iluminar as áreas escuras originadas pelos pensamentos causadores de doença. Percebi que o espírito era de alguém da Terra, sendo curado durante o sono. Os espíritos estavam ajudando essa pessoa a voltar à compreensão de sua dimensão divina. Foi quando entendi que ninguém está perdido em espírito, mesmo aqueles que não têm consciência de sua luz, como os seres que habitam as regiões inferiores da escuridão e da ignorância mental. Eu sabia que a alma no centro iria acordar com uma consciência de si renovada e saudável. Como você vê, nada lhe estava sendo dado; a alma estava apenas no processo de ser despertada.

Em seguida, eu me perguntei se havia animais no mundo dos espíritos e meu pensamento me transportou para uma colina. Lá, observei animais selvagens, como leões e tigres, habitando lado a lado com suas presas. Lembrei-me de um cartão de Natal, onde o leão estava deitado ao lado do cordeiro. A mais feroz das bestas era tão domesticada e gentil como o mais dócil dos animais. Enquanto contemplava admirado este milagre da natureza, ouvia os pensamentos dos animais. Entendia seus pensamentos do mesmo modo como entendia os de qualquer outra pessoa. Eles disseram que a violência na natureza não existia neste local de pura harmonia. A sobrevivência não fazia mais parte de sua consciência. Fiquei surpreso com a ausência de animais domésticos, como gatos e cachorros. Imediatamente, recebi a resposta de que estavam em lugares onde podiam correr livremente, ou ao lado das pessoas que amavam na Terra. Neste instante, senti uma ligação total com todas as criaturas vivas."

A Vida de Uma Criança

As regiões mais elevadas também têm centros-creche, onde os seres espirituais evoluídos alimentam e cuidam dos bebês e das crianças pequenas que deixaram a Terra recentemente. Esses espíritos são ligados aos bebês pela capacidade que cada um tem de amar e ser amado.

Há inúmeras razões pelas quais uma vida é interrompida tão cedo e volta a ser espírito. Cada espírito tem seu próprio destino divino e um plano de alma para desenvolver. Talvez, para uma alma pouco experiente, a vida tenha sido difícil demais de cumprir, o que fez com que ela deixasse o corpo rapidamente. Muitos espíritos me disseram que isto era geralmente conhecido como Síndrome da Morte Súbita Infantil (SMSI). É possível, também, que os laços cármicos entre a criança e a família tivessem que ser criados através de uma interrupção abrupta da vida. Qualquer que seja a razão, a alma terá uma chance de aprender e de voltar à Terra mais uma vez. Muitas almas recém-nascidas podem decidir completar seu ciclo "físico" de vida em espírito, para que sejam capazes de desenvolver qualidades e princípios mais elevados. Esses bebês vão progredir no mundo espiritual, para quando voltarem à

Terra terem uma consciência renovada e mais ampla da vida. Há também aqueles que têm um desejo tão forte de vivenciar experiências no mundo físico, que voltarão para a Terra imediatamente, sem amadurecer adequadamente para a próxima encarnação. Novamente, qualquer que seja a decisão da criança, ela depende inteiramente do desenvolvimento de sua alma.

O Aprendizado Infinito

As almas das regiões mais elevadas estão lá para aprender, expandir e desenvolver suas capacidades mentais, e para receber instruções através de seus guias e mestres espirituais. Há um número infinito de instituições de aprendizado, dependendo do aspecto da mentalidade que os espíritos desejam cultivar. Entretanto, o objetivo não é obter um doutorado em história ou matemática. Os espíritos estudam a verdade. A verdade é simples, mas é preciso um grande desenvolvimento da mente para entender sua simplicidade. As virtudes, como o amor, a humildade e a paciência, são examinadas.

Ao mesmo tempo, há grandes intelectos reunidos para trabalhar nas áreas da filosofia, da medicina e da ciência. Esses espíritos unem-se para investigar os mistérios do universo. Podem examinar de que modo o pensamento afeta o mundo físico e a saúde física de um ser. Alguns se dedicam a ajudar os habitantes da Terra, propiciando-lhes um aumento da percepção e da criatividade. Quando os espíritos trabalham com mentes semelhantes na Terra, eles semeiam pensamentos visionários que serão colhidos sob a forma de novas invenções geniais e curas preciosas. Muitas vezes, esses seres humanos já estão sintonizados a uma estrutura mental espiritual em particular. Tudo é possível quando as pessoas desejam alimentar sua própria luz e abrir-se às possibilidades infinitas de Deus.

As regiões mais elevadas da luz são realmente difíceis de apreender. Há um centro de aprendizado desses domínios que é especialmente significativo. Sob muitos aspectos, ele é um dos estados do ser mais importantes e essenciais para nossa existência atual. Uma noite, durante meu ciclo de desenvolvimento, entrei em um transe total, meu corpo astral deixou meu corpo físico e viajou para um lugar que eu gostaria de compartilhar com você. A primeira coisa com que me deparei foi um edifício incrível, que parecia feito de mármore. Todas as paredes eram do mesmo material, mas coloridas em matizes que eu nunca vira. Em seguida, eu estava sentado no balcão de um lugar que parecia ser um enorme teatro ou tribunal. Todos à minha volta se concentravam na situação que se desenrolava no andar abaixo. Quando olhei nessa direção, vi homens e mulheres trajados com roupas de várias épocas. Reconheci uma pessoa sentada a uma mesa de luz, conversando com outras. Ele era idêntico a Benjamin Franklin. Achei estranho tudo aquilo e me perguntei onde me encontrava. A resposta surgiu imediatamente: eu estava em uma reunião de grandes mentes. Isto é tudo de que me lembro. Quando saí do transe, perguntei aos outros membros do círculo de meditação o que havia ocorrido. Eles me olharam, perplexos:

– Você não se lembra? – um deles perguntou.

– Não – respondi.

– Apareceu um homem chamado Franklin.

Os participantes então descreveram como esse homem lhes havia falado sobre as várias injustiças causadas no mundo pelo extremo egoísmo dos seres humanos.

– Ele disse que faz parte de um grupo de pessoas em espírito que trabalha junto aos governos de vários países da Terra para trazer compreensão e conseguir acordos.

Achei a informação incrível e contei a visão que tivera da sala de reuniões.

Desde então, li sobre visões semelhantes descritas por outros espiritualistas. Deixem-me contar-lhes uma. É a visão de um grande templo, semelhante aos que existem na Grécia ou no Egito. Este templo reflete o tipo de energia que atua por detrás de seus muros. Dentro dele estão os espíritos cuja capacidade de compaixão é mais desenvolvida. Alguns são líderes políticos, outros são inventores notáveis e outros são grandes humanistas do passado. Há ainda aqueles que nunca viveram na Terra; esses seres vêm de dimensões diferentes do nosso universo. Todos esses espíritos trabalham com as mentes dos líderes políticos da Terra, difundindo ideais de paz, solidariedade, união e compreensão. Fundindo seus pensamentos, esses espíritos podem ajudar a iluminar homens e mulheres, para que todos os corações possam despertar para a paz e a harmonia. Às vezes são bem-sucedidos, e nosso mundo triunfa com a adoção de políticas de paz e de justiça. Em outras ocasiões, seus esforços falham. Tentar atingir mentes dominadas pela ignorância, escuridão, cobiça e traição com as verdades supremas da luz, do amor e da justiça é de fato um grande desafio.

Embora muitos líderes poderosos triunfem na Terra, não através da virtude de um coração aberto, mas por meio da cobiça e da desonestidade, os seres espirituais não desistem deles. As almas evoluídas aceitam o fato de que todos são criados a partir do mesmo elemento de luz e amor, e continuam a trabalhar em prol de toda a raça humana. Apesar de, às vezes, nós acharmos que nossas preces não são ouvidas, elas sempre são. E são respondidas. Depende de nós manter a porta de nossos corações aberta para que a luz encontre nela seu caminho.

Realizações Artísticas

A viagem por essas regiões não estaria completa sem uma visita a um componente muito importante da paisagem: o domínio da inspiração artística. Nas áreas maravilhosamente elaboradas e deslumbrantes da expressão artística, muitos mestres trabalham. É aqui que esses veículos da luz divina de Deus sintetizam e transformam a energia criativa em expressões materializadas feitas de cores e palavras. Somente pinturas da maior qualidade são realizadas. Estas pinturas são momentos verdadeiramente inspirados de cores que se cristalizam. Quem vê essas obras de arte *sente profundamente todo o amor* que emana delas.

Também há seres envolvidos na materialização da luz de Deus através de palavras. Os pensamentos mais sublimes são reduzidos a uma parcela de sua grandeza para inspirar escritores criativos nos níveis inferiores e nos níveis terrenos. As palavras são apenas energia manipulada, extraída de várias freqüências de expressão, materializadas em um nível emocional e transmitidas como formas de encorajamento, orientação, humor e tristeza. Essas peças, histórias, poemas e relatos são feitos para levar a luz às áreas astrais inferiores e à Terra, buscando despertar todos os seres para o divino. Isto vale para todas as expressões de criatividade.

A última parada em nossa viagem é em um lugar em que a divina sinfonia está tocando. As cores da atmosfera mudam constantemente, em um verdadeiro arco-íris de luz radiante iluminando os céus. Entretanto, essas cores não são da atmosfera, como o nosso céu terreno, mas emanam diretamente das mentes dos compositores e músicos dessa esfera. O que se ouve aqui é a linguagem dos anjos em toda a sua glória divina. Andando por esses enormes edifícios de luz, veremos pessoas espalhadas por todos os lugares, revitalizando-se com as notas e melodias celestiais. Muitos músicos estão fundindo seus pensamentos e energias para criar novas expressões de som para a felicidade alheia. Essas expressões são a luz radiante, amorosa e eterna de Deus em seu estado puro. Por tudo isso, podemos ver quantas coisas aguardam o espírito em sua viagem de volta a Deus.

Estaremos eternamente desenvolvendo a riqueza da natureza de nossas almas para manifestar o amor a Deus. Muitos de nós, quando nossos corações estiverem repletos da luz do Céu e da comunhão com o amor espiritual, decidiremos voltar às condições do mundo físico e denso. Com o conhecimento obtido nessas regiões espirituais, voltaremos à Terra cheios do desejo de ajudar e inspirar outras pessoas com o que aprendemos em espírito.

VII

Voltando à Terra

How like an angel came I down!
    How bright are all things here!
When first among his works I did appear,
    Oh, how their glory did me crown!
The world resembled his eternity,
    In which my soul did walk;
And ev'rything that I did see
    Did with me talk.[6]

– Thomas Traherne,
"Wonder"

À medida que um espírito se desenvolve nos domínios espirituais, ele se aproxima da grande Luz da compreensão. Esta luminosidade radiante e celestial brilha do centro de seu ser e é a marca registrada de sua alma. Possuído por esta consciência de Deus, um espírito sintoniza-se com os ritmos harmônicos e as leis divinas do universo. Mas dentro da alma de cada espírito há

[6]Como um anjo desci!/Como tudo brilha aqui!/Quando pela primeira vez surgi entre suas obras,/Sua glória me coroou./O mundo falava de sua eternidade,/Na qual minha alma caminhou;/E todas as coisas que vi/Falaram comigo.

um anseio por alcançar níveis ainda mais elevados de consciência espiritual. Este crescimento contínuo pode ser desenvolvido através de inúmeras "lições de alma", e só pode ser praticado pela livre vontade do espírito. Estas lições de alma são dadas pelas oportunidades vivenciadas na sala de aula a que chamamos "Terra".

Dois terços da população mundial acreditam em reencarnação ou renascimento, o renascimento da força da vida ou da alma em um novo corpo físico. Embora esta seja uma doutrina recusada pelas religiões ortodoxas judaico-cristãs, os antigos cristãos, em especial os gnósticos, também aceitavam o conceito de reencarnação. Na época em que o Imperador Constantino se converteu ao cristianismo no século IV, todas as referências à reencarnação ou transmigração foram retiradas da doutrina cristã. No hinduísmo e no budismo, uma alma volta à Terra para saldar seu carma. Uma vez aperfeiçoada, a alma interrompe seu ciclo de renascimento e retorna à alma divina.

Tenho certeza de que muitos de nós já tiveram experiências de *déjà vu*, isto é, de estar em um lugar desconhecido que nos parece familiar ou com uma pessoa de quem nos sentimos instantaneamente próximos. Lembro-me de uma ocasião em que estava viajando em Nova Orleans com alguns amigos e paramos para jantar. Comecei a me afastar do grupo, como se estivesse em um transe.

Um dos meus amigos perguntou:

– Onde você vai?

Respondi:

– Quero ver uma coisa. Estou com uma sensação muito

esquisita, de que dobrando a esquina, no fim do quarteirão, há uma igreja branca com duas torres.

Meu amigo balançou a cabeça, incrédulo, e me acompanhou até a esquina. Ao fim do quarteirão havia uma igreja branca com duas torres. No instante em que a vi, tive uma sensação inexplicável de reconhecimento. Eu já havia estado naquela igreja, mas não na minha vida atual. Havia uma *familiaridade* nela que eu não sabia explicar.

Para que um espírito possa receber a experiência ideal de crescimento da alma e utilizar sua energia criada por Deus, é preciso que se prepare para sua viagem de volta à Terra. Assim, um espírito deve passar o tempo entre uma vida e outra aprendendo sobre o nível material da existência. Por sermos feitos da energia da Força de Deus, na essência somos co-criadores com Deus. Somos nós que decidimos o que queremos fazer com essa energia. Também é imperativo nos lembrarmos de que não são só as ações físicas que produzem resultados; as ações mentais – nossos pensamentos e palavras – também produzem efeitos. *Tudo é energia!* Decidimos como queremos usá-la! Quando um espírito se sente pronto para tornar a vivenciar uma vida física, e somente aí, há uma progressão natural de etapas para sua entrada na Terra.

O Conselho Etéreo

Para ajudar uma alma a preparar-se para sua próxima passagem, há seres altamente evoluídos em espírito que compõem aquilo que é conhecido como Conselho Etéreo. Estes seres já completaram as encarnações terrenas e fazem recomendações para ajudar outros espíritos a desenvolver seu "plano de vida", que são os objetivos espirituais que uma alma quer atingir em sua próxima vida. Este plano delineia a encarnação como uma espécie de projeto das oportunidades necessárias para o progresso da alma. Cabe ao espírito decidir os detalhes exatos do plano. É aqui que entra o livre-arbítrio.

Cada alma é única. O conhecimento e a sabedoria de cada vida são incorporados à sua memória; por isso, a alma pode escolher para a próxima vida uma ocupação que lhe seja familiar. Por exemplo, sei que passei muitas vidas aperfeiçoando a sensibilidade, a aptidão e o discernimento para minha comunicação espiritual. Quando regredi a outras vidas, vi-me vida após vida em empreendimentos religiosos e místicos. Vi-me como um monge católico, um padre russo ortodoxo, um lama tibetano, um monge budista, um cigano, um intelectual metafísico e um vidente medieval. Por isso, não é estranho que eu seja um médium nesta vida. A mesma coisa acontece com a maioria das pessoas. O que estamos fazendo nesta vida provavelmente é algo que já fizemos antes, de um jeito ou de outro.

Quando nascemos, tudo de que precisamos para cumprir o plano da alma está registrado no corpo etéreo. Em outras palavras, todas as respostas para nossos problemas estão dentro de nós. Qualquer prova ou aflição é apenas um teste para ver se conseguimos descobrir a solução espiritual. A alma recebe muitas oportunidades para desenvolver-se e expandir-se através da superação das adversidades. Crescer nunca é fácil, e só pode ser feito através da vivência de todos os aspectos de uma situação e de sua compreensão total.

Quando um espírito olha para as circunstâncias físicas de sua próxima vida, percebe que algumas delas são muito difíceis, porém necessárias para seu crescimento. Um espírito pode perceber de que modo essas adversidades podem ajudar seu crescimento geral, ou como essas experiências irão fazer brilhar uma nova faceta de sua luz. É por isso que a vida na Terra pode ser comparada a uma sala de aula. Estamos aqui para aprender; ao terminar, voltamos para casa.

É a alma quem decide a que velocidade deseja avançar. Alguns espíritos preferem permanecer do outro lado até que se sintam inteiramente prontos para voltar e enfrentar uma tarefa difícil em sua jornada na Terra. Outros ficam entusiasmados e querem lançar-se logo nesse compromisso espiritual, porque sabem que isto irá acelerar seu crescimento espiritual. Há também aqueles que acham que podem realizar mais em uma época determinada do tempo na Terra. O Conselho Etéreo ajuda a planejar todos os aspectos da vida futura do espírito e garante que as decisões não sejam tomadas com base em desejos emocionais ao invés de necessidades espirituais.

Durante o processo de decisão, um espírito pode aconselhar-se junto a outros espíritos que tenham participado de suas experiências terrenas passadas, ou com quem tenha laços cármicos. Estes laços cármicos podem ser positivos ou negativos, dependendo daquilo que a alma quer vivenciar. Conforme descrevi no capítulo VI, há famílias de almas compostas por pessoas de mentes semelhantes. No caso de um grupo de almas, os espíritos podem decidir voltar e saldar as obrigações cármicas existentes entre eles. Além disso, sempre há os grupos de almas que voltam à Terra durante um determinado período da história para cumprir laços cármicos em um nível global. Essas almas voltam para passar adiante determinados conhecimentos do passado. Dependendo do seu grau de consciência espiritual, esses espíritos podem gerar avanços ou retrocessos para a população mundial.

O Carma

Estamos todos familiarizados com a expressão: "o que vai, volta". Esta é uma outra maneira de definir a lei universal conhecida como carma. A palavra *karma* é de origem sânscrita e quer dizer, literalmente, "ação". Nesta lei da ação está embutido um ciclo natural de causa e efeito. Colocando de maneira simples, passamos pela vida plantando sementes ou atirando pedras, e colheremos os efeitos daquilo que criamos, seja bom ou ruim.

Como o tempo não existe no universo multidimensional, o ciclo de causa e efeito pode estender-se ao longo de várias vidas. A duração do tempo passado na Terra é apenas uma ilusão, pois trata-se de uma limitação do corpo físico e do mundo físico.

Na verdade, uma vida é um período muito curto de tempo no grande plano do universo.

Assim, o resultado de nossas ações hoje não acontece necessariamente na mesma vida ou na mesma existência.

Depende da intenção, do poder e da seriedade das ações. Todas as ações embutidas na membrana da alma permanecerão lá, até serem compensadas e o equilíbrio estar restabelecido.

Muitas pessoas acham que o carma é negativo. Isto não é verdade. Pense no carma como o pagamento de uma dívida ou o equilíbrio de uma ação. O carma é, na verdade, uma oportunidade de crescimento para a alma. Quando a alma aprende que suas ações têm conseqüências, não terá mais necessidade de criar um carma difícil no futuro. Assim, quando a alma retornar à Terra, terá, entre outras coisas, um plano de vida, lições cármicas armazenadas em sua memória, um corpo escolhido, pais e parentes, relacionamentos, hora e local de nascimento, uma posição na vida, e o momento e a forma de sua morte. Tudo isto reflete o tipo de trabalho espiritual que a alma deseja realizar.

O Processo de Renascimento

Embora eu já tenha ouvido muito sobre o momento em que o espírito abandona o corpo físico, ouvi muito pouco sobre o processo real de entrada em um novo lar. Os espíritos, com freqüência, me dizem que estão se preparando para voltar à Terra, mas transmitem muito pouco quando lhes peço que descrevam como o farão. Talvez isto aconteça porque os espíritos não têm uma consciência plena da complexidade do processo, ou porque as fases e acontecimentos da entrada no mundo físico sejam impossíveis de narrar em qualquer língua. Tive algumas percepções espirituais sobre o processo de renascimento e li muitos livros sobre este fenômeno, que descrevo aqui. Minhas informações baseiam-se principalmente em experiências clarividentes e nas escolas de pensamento teosóficas e orientais.

A palavra *encarnação* quer dizer descida na carne. Quando um espírito deseja voltar ao mundo físico, ele reativa uma parte específica de seu ser conhecida nos círculos teosóficos como *átomo físico permanente* ou *átomo-semente físico.* Este átomo-semente é um campo concentrado de energia localizado no centro do chakra do coração. Neste campo concentrado de energia há um retrato cármico completo das experiências terrenas da alma. Quando uma pessoa está prestes a passar por uma experiência cármica, este retrato cármico é liberado sob a forma de uma energia que flui pelos meridianos do corpo.

Este átomo-semente está ligado àquilo que é conhecido como *cordão da vida*, que é o último pedaço do cordão de prata. Este cordão da vida é responsável por fornecer ao átomo-semente todas as informações cármicas relativas a um determinado ser. De onde vêm essas informações? As informações cármicas são encontradas naquilo que se conhece como *mente da alma* ou *mônada* – a energia etérea do ser total. Estão me acompanhando? A mônada é uma expressão microcósmica do universo perfeito, cuja existência é inerente a cada pessoa. É a nossa expressão perfeita à semelhança de Deus. Eu a chamo de "centelha de Deus", ou energia da Força de Deus.

Uma vez que este átomo-semente seja ativado através da lei da afinidade (o semelhante atrai o semelhante), a alma começa a criar à sua volta uma espécie de campo de força feito de materiais mentais e astrais. Esses materiais mentais e astrais formam o corpo mental e, ao fazê-lo, começam a impor limites aos processos de pensamento, adaptando-os à mente terrena. O corpo mental é modelado com base naquilo que é visto e entendido na mônada do indivíduo. É importante lembrar que todos os níveis da existência são conectados e entrelaçados entre si, e vários desenvolvimentos ocorrem simultaneamente, dependendo do nível particular de consciência.

Acredita-se que as unidades de átomo-semente unem-se a um zigoto ou embrião no momento da concepção, dando início ao processo de nascimento. O zigoto e o átomo-semente emitem juntos uma vibração sonora que atrai a energia no nível etéreo. Ao mesmo tempo, um espírito, ainda no mundo astral, começa a embutir suas próprias vibrações nos fluxos de matéria que estão assumindo as formas etérea, mental e física. Isto é feito através de um raio de luz branca que flui entre o coração do feto e o átomo-semente de seus novos corpos mental e astral. No momento da fertilização, este raio de luz desce das alturas da alma para o esperma, irradiando-o com energias que colocarão em movimento o processo de nascimento.

Neste momento a alma já desceu para as esferas inferiores do nível astral e está começando a atrair a substância etérea para construir seu corpo etéreo. Os vórtices de energia etérea, ou chakras, começam a se formar neste período da gestação, à medida que as células crescem uma a uma. Durante este período, vários seres e forças espirituais ajudam a criar, formular e proteger este ser em formação. No hinduísmo, essas hierarquias espirituais são chamadas de seres *dévicos* ou elementares, e no cristianismo são conhecidas como reinos angelicais. A alma permanece no mundo astral enquanto seu receptáculo físico está se formando. Quando a contrapartida etérea está inteiramente formada, o espírito começa a diminuir a vibração de sua consciência e a descer para a região conhecida como *rio do esquecimento.* Os gregos referem-se a este lugar como o elo entre os mundos visível e invisível. Imerso neste éter, o espírito esquece sua ligação com a divindade e todas as suas existências anteriores.

As pessoas muitas vezes me perguntam: "Por que nos esquecemos de quem somos e de onde viemos?" Minha resposta é que isto acontece pela graça divina. Em primeiro lugar, ao esquecer, ficamos menos saudosos de nossa existência celestial. Em segundo, se conhecêssemos todos os nossos erros e fracassos do passado, poderíamos ficar obcecados por eles a ponto de não conseguirmos progredir e realizar o trabalho atual. Esquecer os domínios espirituais nos permite começar do zero, por assim dizer. Entretanto, esta informação cármica permanece alojada no átomo-semente e pode ser liberada à medida que a pessoa vai tomando mais consciência de si mesma. Nada está perdido, apenas esquecido. Cada um de nós tem muitas oportunidades de lembrar do seu eu verdadeiro. Durante os meses que se seguem à fertilização, o desenvolvimento físico avança várias etapas. Os tecidos, as fibras nervosas e os músculos são ativados. É durante este período, quando os músculos começam a se mover, também conhecido como *aceleração*, que as mães começam a desenvolver uma sensibilidade psicológica para a nova vida que está dentro delas. Nos domínios psíquicos, os seres dévicos e elementares continuam a fazer seu trabalho de construção e finalização da forma física. É nesta etapa de aceleração que o espírito reconhece seu novo veículo, porque sente uma atração proveniente do corpo recém-formado. Além desta atração, a mônada ou mente da alma, que contém todas as informações cármicas, projeta-se na atmosfera do embrião. O espírito sente essa corrente particular de energia e ganha uma imediata consciência de si como parte deste novo ser. Alguns meses antes do nascimento, o espírito flutua em torno de seu novo receptáculo, entrando e saindo, tentando adaptar-se a suas dimensões. É assim que o espírito familiariza-se com seu novo ambiente. O espírito também tem a oportunidade de constatar quaisquer problemas ou defeitos físicos com os quais terá de conviver. Durante os últimos dois meses da gravidez, o vínculo magnético entre o espírito e seu novo corpo torna-se muito mais forte, e o espírito começa a passar mais tempo em seu novo lar.

O momento do nascimento é muito importante para uma nova alma. Várias forças combinam-se em perfeita sincronicidade. As energias planetárias, psíquicas, físicas e espirituais interagem de modo totalmente ritmado. É por isso que a hora e o local de nascimento são da maior importância, pois essa combinação astrológica ajuda a determinar a raça, a família e o *status* na Terra. Há uma hora e lugar para todas as coisas. Assim como as ondas que batem em uma praia, o nascimento, tal como a morte, ocorre em uma hora perfeita e natural, mesmo os nascimentos que chamamos de "prematuros". No momento exato, o espírito encaixa-se perfeitamente em seu novo corpo, viaja através do canal de nascimento e emerge em um novo mundo. Ele está pronto para uma vida repleta de infinitas oportunidades espirituais.

O Aborto

Nas minhas sessões, às vezes um espírito fala sobre as condições do corpo de uma mãe e sobre a importância de mantê-lo saudável não apenas no nível físico, mas também nos níveis emocional, psíquico, mental e espiritual. O espírito que está a caminho fica ligado psiquicamente à sua mãe e percebe tudo aquilo que está à volta e dentro da aura da mãe. Uma vez que a vida esteja em movimento, a natureza assume o controle e faz o que é preciso ser feito. Quando a mãe não quer a criança, esses sentimentos ficam registrados na aura e são sentidos pelo bebê. Além disso, um choque psicológico pode facilmente ter várias conseqüências para o feto em formação, tais como defeitos de nascimento. No caso dos abortos espontâneos, acredito que é o jeito da natureza de pôr fim a uma imperfeição ou defeito de algum tipo. Isto não diz necessariamente respeito ao corpo físico, mas pode ser também de natureza etérea ou mental.

Isto nos traz ao tema controverso e doloroso do aborto. Sempre que faço palestras, as pessoas vêm falar comigo sobre o que sentem acerca do aborto: a tristeza, o sentimento de perda e o tormento da culpa. Em uma gravidez saudável, as forças são postas em movimento e continuam a construção do receptáculo até o nascimento ou a interrupção. Quando um aborto acontece, o espírito ainda não entrou inteiramente no corpo e retorna ao mundo de Deus, para esperar uma outra oportunidade adequada para revelar-se. Lembrem-se de que o novo ser está espiritualmente ligado à sua mãe e tem plena consciência de que um aborto pode ocorrer.

Na maioria das minhas sessões, quando surge este tema, parece que os abortos acontecem para o crescimento espiritual da mãe. Antes de encarnar, um espírito cria uma situação como a do aborto para aprender com as lições de auto-estima, culpa, fracasso e amor-próprio. Será que este ato tem algum efeito cármico sobre a mulher em uma encarnação futura? Não necessariamente. Espera-se que, com esta experiência tão difícil emocionalmente, a mulher aprenda e melhore sua auto-estima, alcançando maior iluminação.

Vivendo no Mundo Físico

À medida que as lembranças do mundo celestial de luz e alegria lentamente se desvanecem e são substituídas por uma sensação de peso e frio, a alma recém-chegada sente-se um pouco confusa ao entrar no mundo físico mais uma vez. Ela acabou de se afastar de um mundo organizado e acolhedor para ingressar em um lugar de insegurança e solidão. O espírito não está mais flutuando em um mundo de cor, luz, sentimentos e deslumbramento. Ele já não viaja mais à velocidade do pensamento. Ninguém lê mais sua mente. O espírito está de novo aprisionado em um mundo onde a energia é densa, as cores fracas e insípidas, e a única luz visível emana de um sol.

Embora, ao reencarnar, o espírito já seja muito "velho", de certo modo é também novo em folha. É verdade que traz consigo um pacote de lições cármicas, mas também tem seus corpos mental, emocional e físico recém-formados para vivenciá-las. Em parte, o espírito conta com seus instintos inferiores para satisfazer suas necessidades físicas. Mas e as partes emocionais e mentais deste ser? Como elas se desenvolverão e se aperfeiçoarão? Equipado com seu plano de vida espiritual, o espírito deve entrar no mundo da carne para cumprir seu destino. Deve aprender a amar, a ser magoado e a crescer. O resto de sua vida na Terra será moldado por suas relações, sua religião e pela sociedade em que vive. A vida completou seu ciclo, e a viagem do espírito avança mais uma vez através do tempo.

PARTE 2

O Espírito Fala

Quando uma alma viaja pelo caminho rumo à perfeição neste plano físico, ela encontra colinas e vales de situações e circunstâncias que põem à prova sua força. As provas de autodomínio do mundo físico nem sempre são fáceis. Muitas vezes preferiríamos desistir a suportar a dor. Mas, se pudermos manter sempre em mente que o que nos aguarda ao final da jornada compensa todos os passos angustiantes e árduos que tivermos que dar, seguiremos adiante com alegria. Precisamos saber que nunca estamos sós; há sempre seres queridos e guias iluminados prontos a nos orientar com seu apoio e sua força.

Embora sejam incontáveis os desafios a que uma alma tem que se submeter na Terra, as lições do coração são provavelmente o maior deles. Elas tocam a essência do ser com a ternura do amor e a amargura da dor. Expomos aos outros o que há de mais íntimo em nós e esperamos ser aceitos e amados. Quando não somos, começamos a nos fechar e vamos nos fechando um pouco mais, cada vez que somos rejeitados. Então começamos a manipular as outras pessoas, tentando ser reconhecidos e tratados do jeito que queremos. É o medo que nos impede de passar nesses testes emocionais. Ficamos presos às ilusões da realidade até conseguirmos controlar e dominar o lado emocional do nosso ser.

Muitas pessoas já me procuraram com o coração pesado, buscando uma oportunidade de contactar seus entes queridos mais uma vez, para apaziguar suas emoções. Muitas compreendem que precisam lidar com estes sentimentos mal resolvidos para avançar em seu crescimento físico, mental, emocional e espiritual. Isto também é verdade para aqueles que se encontram do outro lado do véu.

Nesta etapa da viagem, gostaria de compartilhar com vocês algumas sessões mais representativas das provações e sofrimentos emocionais que experimentamos. Minha esperança é que, examinando-as, você possa abrir sua mente e seu coração para curar situações emocionais semelhantes em sua vida. Talvez você se beneficie da leitura dos erros e infortúnios de outras pessoas e possa evitar as mesmas armadilhas. Na pior das hipóteses, espero que você descubra uma nova maneira de entender a si e aos outros.

Em respeito à privacidade das pessoas envolvidas, mudei seus nomes, mas permaneci fiel às percepções e mensagens reveladas.

VIII

Expectativas

Todo mundo é único.
Não se compare a qualquer pessoa,
para não estragar os desígnios de Deus.
– Baal Shem Tov

Se você não for verdadeiro com a voz interior ou com a fonte divina do seu coração, você não será feliz. Quantas vezes dizemos ou fazemos alguma coisa que não é inteiramente verdadeira, apenas para sermos apreciados ou para nos sentirmos próximos de outra pessoa, e logo em seguida nos arrependemos? Tentar "agradar às pessoas" é o de menos, pois já fizemos coisas mais sérias por medo da rejeição. Muitos sacrificam seus sonhos individuais e seus desejos para atender às expectativas dos outros.

Eu quase fiz isto. O sonho da minha mãe era que um de seus filhos se tornasse freira ou padre. Decidi atender seu desejo e ser o padre que minha mãe sempre quis. Por quê? Porque eu pensava que com isto minha mãe sentiria orgulho de mim e me amaria ainda mais. Entretanto, após um ano em um seminário, desisti, percebendo que não tinha a vocação espiritual necessária para o sacerdócio. Era o desejo da minha mãe, não o meu. Na época, eu não percebia que o amor da minha mãe estava sempre presente e que sempre estaria, independendo do rumo que eu tomasse.

Quando somos crianças, existe um padrão estabelecido: os filhos devem esforçar-se para conquistar o amor dos pais, e os pais moldam os filhos para fazer deles o que esperam que sejam. Para quem vem de famílias muito exigentes ou muito fechadas, o esforço para agradar pode ser interminável. À medida que as crianças crescem, os desejos dos pais permanecem em seu subconsciente e tornam-se parte de sua programação. Na idade adulta, sua auto-estima pode depender da aceitação dos outros, da mesma maneira como procuravam agradar os pais para conseguir seu amor. O que acontece é que estes adultos nunca chegam realmente a viver para si mesmos.

Uma das situações mais trágicas – e mais comuns – que encontro em meu trabalho é aquela em que um espírito chega arrependido por não ter vivido uma vida satisfatória. Felizmente, quando entram em uma vida mais elevada, os espíritos que se encontram neste estado reagem rapidamente ao amor incondicional oferecido pelos amorosos seres espirituais presentes. Esses espíritos começam então a ganhar uma nova percepção de seus arrependimentos e aprendem a valorizar a si mesmos, aos objetivos que alcançaram e ao amor que deram às outras pessoas quando estavam na Terra. Como seria melhor se tivessem podido expressar suas verdadeiras naturezas na vida, antes que fosse tarde demais! Todos nós fomos colocados nesta Terra para descobrir nosso próprio caminho e nunca seremos felizes se nos preocuparmos em seguir o caminho que outra pessoa traçou para nós.

É uma pena que tantas pessoas vivam em função das expectativas sobre como as coisas e elas mesmas devam ou não ser. As histórias que se seguem são exemplos de expectativas irreais ou frustradas. Vários destes casos são muito tristes, porque em sua maioria o potencial da pessoa nunca foi desenvolvido, o que deixou um enorme arrependimento pela vida vivida apenas parcialmente.

O Sonho de um Pai

Duas jovens da Califórnia, Adrienne e Paula, vieram me procurar. Eram ambas atraentes, com longos cachos louros descendo pelas costas. Olhando para elas, era impossível imaginar que alguma coisa pudesse dar errado para qualquer uma. Mas havia alguma coisa profundamente perturbadora escondida atrás de seus brilhantes olhos azuis. Depois de meia hora de sessão, tive que dizer:

– Estou sentindo de repente um frio incrível à minha volta. Estou ficando arrepiado. Vocês estão sentindo?

Ambas fizeram que não com a cabeça, por isso continuei:

– Sinto uma sensação terrível de tristeza. É como se alguém estivesse chorando.

A expressão das jovens mudou subitamente.

– Há um homem aqui que parece muito perturbado. Eu não sei por quê. Ele está me mostrando um carro. Parece um Impala. Não conheço muito bem marcas de carros, mas é o que me vem à mente.

Uma das duas disse lentamente: "sim". A outra começou a chorar.

– Este homem está me contando sobre uma garagem, sobre estar em uma garagem.

Agora as duas estavam chorando baixinho.

– Vocês conhecem alguém chamado Carl?

– Sim, é o nome de nosso pai. Ele está bem? Por favor, diga-nos.

O sentimento de tristeza aumentou.

– Ele disse: "Sou eu. É Carl com o carro."

– Sim, ele colecionava carros antigos. Eles o encontraram no seu Impala preto. Ah, meu Deus. É ele mesmo?

– Sim, é o seu pai. Ele está com alguém chamado Frank. Ele ficou feliz por encontrar Frank. Frank já está lá há muito tempo. Seu pai está me dizendo que sentia saudades deste Frank. É mesmo, ele está lá há muitos anos.

Elas balançaram a cabeça, e a que estava à direita disse:

– Frank era o irmão dele, que morreu quando eles eram crianças. Isto foi há mais de cinqüenta anos.

– Sinto muito, mas preciso dizer isso, o pai de vocês é uma pessoa muito triste. Tenho a sensação de que ele trabalhava demais. Ele fazia alguma coisa com caixas? Estou vendo caixas e fita adesiva.

– Ele era dono de uma empresa de transportes.

– Ele está repetindo que sente muito. Ele trabalhava tanto. Ele trabalhava até muito tarde. Ele fica repetindo que sente muito.

– É isso mesmo. Às vezes ele trabalhava dias seguidos, sem nem vir em casa. Ele era viciado em trabalho.

Perguntei:

– Seu pai está preocupado com alguém chamado Jenny ou Janie?

– Ginny, nossa mãe. Ela está muito perturbada.

– Seu pai certamente não cuidava bem de si mesmo. Ele parece ser um homem muito exigente consigo mesmo, sempre querendo alcançar alguma coisa. Ele está me dizendo que queria ser o melhor pai possível. Qual das duas é Adrienne?

A que estava à minha esquerda respondeu:

– Sou eu.

– Adrienne, seu pai diz que sente muito porque não pôde estar presente no seu casamento... para entrar na igreja com você.

– Eu me casei duas semanas depois que ele morreu. Pai, nós te amamos!

Neste momento, ficamos todos muito emocionados. Até mesmo eu tive dificuldades para conter as lágrimas.

– Ele está dizendo alguma coisa sobre nozes ou amendoins. Alguma coisa sobre comer amendoim. Não tenho a menor idéia do que ele quer dizer.

– Amendoim era o nome do cachorro dele. Ele morreu atropelado. Meu pai ficou arrasado.

– Esse cachorro era branco e marrom?

– Era sim. Era um vira-lata, e papai sempre teve pena dele. Ele costumava botar o Amendoim debaixo do braço e carregá-lo pra todos os lugares.

– O seu pai continua não sendo justo com ele mesmo. Ele diz que devia ter diminuído o ritmo, mas achava que a família esperava isso dele. Ele achava que, como pai, o papel dele era trabalhar muito e ganhar dinheiro para a família. Ele nunca quis que sua mãe ou vocês trabalhassem.

Paula disse:

– Ele não parava. Nós dissemos a ele várias vezes: "Pai, pára de trabalhar tanto." Ele não parava. Mamãe dizia sempre que ele era teimoso.

Adrienne acrescentou:

– E aí a empresa dele faliu. Eu acho que ele não conseguiu lidar com isso. Ele ficou terrivelmente deprimido durante muito tempo. Ele ficava sozinho, muito quieto. A gente não entendia o que havia de errado com ele.

Sentindo o desespero do pai, eu disse:

– Ele continua achando que desapontou todo mundo. O seu pai não amava a si mesmo. Ele está me dizendo que era crítico demais. Ele gostaria de não ter sido tão duro consigo mesmo e de ter sabido apreciar mais a vida. Ele quer que vocês saibam que ele está começando a aprender a amar a si mesmo.

Paula disse:

– Que bom! Nós te amamos, papai.

– Ele passou tanto tempo preocupado com os outros que não teve tempo para si mesmo. Seu pai está me mostrando um porta-luvas... em um carro. É um porta-luvas. Eu vejo uma mão entrando aí. Vocês entendem o que isto quer dizer? Esta é a impressão que ele está me dando.

As duas disseram que sim. Paula continuou:

– Era aí que o revólver estava. O revólver que ele usou no carro.

De repente, senti o frio do metal de um revólver na boca. Senti o gatilho sendo puxado e a sensação de uma explosão dentro da cabeça. Fiquei atordoado e tive que permanecer quieto por alguns minutos, até poder continuar a sessão.

– O seu pai quer que eu diga a vocês que ele está bem agora. Ele está muito vivo e está com Ma. Vocês compreendem?

Paula respondeu:

– Ma é a mãe dele. Ela morreu há algum tempo. Estou feliz que ela esteja com ele.

– Seu pai diz que ela fez torta de maçã para ele.

Paula explicou:

– Era a especialidade dela. Sempre que estávamos doentes, ou se alguém ficava triste, ela fazia torta de maçã. Isto sempre melhorava um pouco as coisas.

No instante em que as meninas disseram isto, tive a sensação de que dois pratos cheios de uma reconfortante torta de maçã lhes eram oferecidos.

Alguns meses após esta sessão, Adrienne me ligou para contar um sonho que havia tido com seu pai. Ela estava com ele e com o cachorro Amendoim em um parque. Seu pai mostrou-lhe uma bela casa de mármore branco que construíra. O teto era muito alto e os cômodos adoráveis e espaçosos. Seu pai lhe disse que a casa representava o amor que havia encontrado em si mesmo. Ele agora estava tratando a si mesmo como a um rei. E por que não? Ele merecia!

Minha Princesa

Quando conheci Anthony, senti-me como se fosse João e ele o gigante do pé de feijão. Ele me olhou do alto de seus dois metros de altura, com seus olhos escuros e inquiridores; o bigode bem aparado dava-lhe uma aparência quase sinistra. Apesar disso, ele parecia inseguro e balançava o pé nervosamente. Enquanto eu tentava deixá-lo mais à vontade, explicando o modo como trabalhava, ele simplesmente meneava a cabeça resmungando "hã-hã".

Os primeiros quinze minutos foram terríveis. Percebi psiquicamente que ele tinha algumas preocupações com a saúde e um problema potencial em seu emprego. Ele recebia meus comentários com um fraco "hã-hã". Comecei a ficar preocupado, achando que aquele homem era tão vazio emocionalmente, que seria difícil sintonizar o mundo espiritual em seu benefício.

Finalmente, comecei a receber algumas impressões espirituais. Perguntei-lhe:

– Você conhece alguém chamado Joseph? Tem algo a ver com a Filadélfia.

Ele resmungou:

– Não. Quer dizer, sim.

Eu lhe disse que este homem estava falando sobre seu pai, e neste momento o silencioso Anthony abriu a boca e disse que Joseph era o pai de seu pai. O avô de Anthony nos deu detalhes incríveis, tais como o nome do parque em que Anthony brincava quando era criança, os nomes de suas duas irmãs e as circunstâncias de sua própria morte. Mas o homem gigantesco à minha frente não parecia muito comovido e claramente não estava impressionado, até que eu pronunciei um nome específico.

– O seu avô está falando sobre alguém chamado Donna. Você conhece alguém com este nome?

– Conheço, conheço – ele retrucou, levantando as sobrancelhas.

– Joseph quer que eu lhe diga que Donna está com ele. Donna está aqui para você. Donna quer falar com você. Você compreende?

De repente, Anthony começou a soluçar descontroladamente. O homem sério e impassível, que há poucos minutos atrás não conseguia sequer verbalizar uma frase, agora estava chorando como uma criança. Procurei fazê-lo ficar à vontade, mas ao mesmo tempo tinha que manter a concentração para continuar receptivo às vibrações espirituais.

– Estou ouvindo uma voz feminina agora. É uma espécie de cantiga. Ela está chamando "Ton". Acho que é um diminutivo para Tony.

Anthony explodiu:

– Ela sempre me chamava assim. Como ela está? Meu amor, meu amor! Por favor, diga a ela que eu sinto muito. Por favor, diga isto a ela.

– Ela diz que está viva e se divertindo muito. Ela é uma bela mulher. Vejo uma moça esbelta e com longos cabelos castanhos. Ela poderia ter sido modelo.

Anthony assentiu com a cabeça.

– Ela está me dizendo que você sempre foi o único. Ela está me mostrando um armário de roupas com centenas de sapatos. É incrível! Tantos vestidos, casacos, sapatos, todo tipo de coisas. Ela está me dizendo que você escolhia todas as suas roupas. É isso mesmo?

– É, é, tá certo. Eu escolhia tudo. Eu comprava tudo para ela, tudo! Ela era minha princesa e eu a vestia como uma princesa.

– Ela também está me mostrando diamantes, rubis, brincos, pulseiras, todos os tipos de jóias.

– Eu dava tudo a ela. Não havia nada no mundo que eu não desse a ela. Eu queria que ela fosse a mulher mais linda do mundo!

– Donna está me dizendo que você queria que ela fosse perfeita. Agora ela está falando sobre Las Vegas. Sobre trabalhar em Las Vegas, ou estar em Las Vegas.

Anthony estava agora inteiramente concentrado naquilo que ouvia. E disse:

– Sim. Nós nos conhecemos em Las Vegas. Eu a conheci com alguns amigos. Está certo.

– Ela está me contando alguma coisa sobre um prêmio ou uma aposta.

Anthony gritou:

– Meu Deus! Como é que você pode saber disto?

Ele limpou os olhos com as mãos e lentamente começou a falar, como se estivesse revelando um segredo profundo e sombrio.

– Eu... eu a ganhei.

– Como assim?

Envergonhado, ele explicou:

– Eu a ganhei em uma aposta com uns sujeitos. Mas não

é o que parece. Eu me apaixonei por ela. Nós nos amávamos.

Eu já ouvi muitas coisas em minha carreira como médium, mas essa era novidade. Pensei com meus botões: *e quando a gente acha que já viu de tudo...*

Anthony continuou:

– Não é o que parece. No início, eu pensei... você sabe... ela era só uma garota de programa, mas era uma boa pessoa. Ela era mais do que isso pra mim. Eu a amava, eu a amava mesmo, e ela me amava. Era especial. Nós nos casamos, mas...

Sua voz começou a vacilar.

– Eu não a tratei bem. Eu fui um imbecil completo.

Ele balançou a cabeça, enquanto as lágrimas escorriam por seu rosto.

Eu lhe estendi uma caixa de lenços e tentei consolá-lo, perguntando se ele queria parar a sessão. Mas ele queria falar com sua "bonequinha".

– Ela sabe que eu tentei falar com ela? Diga a ela, por favor. Diga a ela que eu lamento muito pela operação. Por favor, diga a ela!

Expliquei a Anthony que ele podia enviar esses pensamentos sozinho, que ela podia ouvi-lo. Mas então Donna nos interrompeu:

– Ela quer que eu pergunte a você sobre as abotoaduras. Ela está me mostrando abotoaduras de ouro com uma âncora gravada.

– É, ela me deu isso no nosso aniversário.

– Ela está me dizendo que você nunca as usa.

– Nossa, ontem mesmo eu estava olhando para elas. Mal posso acreditar. É tão real.

– Donna está me dizendo que está encontrando a felicidade. Ela quer que você saiba que não foi só culpa sua, foi culpa dela também. Ela está me dizendo que devia ter pensado melhor. Ela devia ter acreditado que era bonita, mas achava que não era.

Anthony olhou para mim com os olhos vermelhos e falou, suavemente:

– Eu tentei transformá-la naquilo que eu queria que ela fosse. Eu fui um idiota. Agora eu não tenho nada.

Olhei para o chão, e então ouvi Donna novamente.

– Donna está falando sobre ir a Paris e a Beverly Hills. Ela está me mostrando um espelho. Eu não faço idéia do que isto quer dizer, mas ela está me mostrando um espelho.

– É isso. Eu a levei a Paris e a Beverly Hills para fazer as operações.

Movido pela curiosidade, eu perguntei:

– Que tipo de operações?

– No corpo e no rosto. Eu conhecia alguns médicos que poderiam torná-la ainda mais bonita, você sabe, modificá-la, transformá-la no que eu queria que fosse. Então, ela fez algumas operações.

– Quantas?

– Eu não sei. Vinte e poucas. Eu sei que eu devia ter impedido, mas ela queria me agradar. Ela queria ser tudo o que eu queria que ela fosse. Foi por minha culpa que ela morreu. Por favor, diga a ela que sinto muito.

Permaneci sentado, estarrecido, evitando julgar o que tinha acabado de ouvir. Enquanto prosseguia, tinha esperança de que de algum modo esta situação poderia ser curada.

– Ela sabe que você sente muito. Ela está falando sobre Cliff. Clifford. Ela não quer que você o processe.

– O julgamento é esta semana. Donna ia fazer uma plástica de seios. Ele errou na anestesia. Ele a matou!

– Não ponha a culpa neste homem. Donna está dizendo que foi o coração. Ela tinha um problema no coração e houve algum tipo de reação à anestesia.

Anthony respondeu:

– Este Clifford era o anestesista. Ele errou na medicação. Mas eu sei que no fundo foi minha culpa. Eu insisti com ela para que fizesse a operação. Ela fez isso por mim. Será que algum dia ela vai me perdoar?

– Ela sabe que você está arrependido e o perdoa. Ela está me dizendo que agora está finalmente se achando bonita. Ela está dizendo que agora percebe que a beleza não está do lado de fora. Ela cometeu o erro de não perceber sua beleza interior enquanto estava com você. Ela está dizendo que não soube perceber isso. Ela quer que você pense em Rosarita. Eu acho que ela quer dizer Rosarita, no México. Ela está me mostrando uma espécie de bar. Vocês estão sentados a uma mesa pequena. Vocês estão felizes.

Anthony me olhou, espantado.

– Era o lugar aonde íamos para dar uma escapada. Era um bar pequeno. Nós costumávamos conversar sobre abrir um bar assim quando ficássemos velhos.

Olhei para Anthony.

– Um dia vocês terão um bar e não vão se preocupar com a aparência um do outro. Vocês vão curtir a companhia um do outro e o ambiente que criaram.

Anthony saiu do meu consultório sentindo-se renovado. Ao longo de sua chorosa confissão, ele havia vivenciado uma enorme dor devido a suas expectativas menores quanto à aparência de Donna. Em vez de perceber que o amor que tinha por Donna era a verdadeira beleza que procurava, ele tentou transformá-la em uma espécie de bonequinha de luxo.

Ao final, ele sentiu-se aliviado porque o amor de sua vida ainda existia e estaria aguardando o dia de sua chegada no céu.

É Inacreditável!

Quero contar uma experiência maravilhosa que tive com uma família notável. Inicialmente, estava combinado que a sessão seria com duas pessoas, mas apareceram cinco. A primeira a chegar foi Cleo Monroe, a mãe. Em seguida vieram as filhas Jasmine e Caroline, seguidas pelo marido de Caroline, Walter. Walter trazia um rapaz de cerca de vinte anos em uma cadeira de rodas. Seu nome era Lenny. Lenny tinha distrofia muscular e mal podia falar, mas de algum modo percebi que ele era muito evoluído espiritualmente. Walter levou a cadeira para um lado da sala, e os outros sentaram-se no sofá e nas cadeiras.

Gostei muito da exuberância e da franqueza desta família. É muito freqüente a existência de brigas e ressentimentos entre os membros de uma família. Após as explicações iniciais sobre meu trabalho, sentei-me e comecei a meditar para abrir-me aos espíritos. Eu sentia tanto amor nesta família, que sabia que estava prestes a ter uma experiência incrível.

Vi uma mulher alta à direita de Cleo, usando um vestido verde listrado e um chapéu branco. Ela estava acompanhada por um homem, cerca de cinco centímetros mais baixo, usando um terno azul-escuro com uma gravata brilhante. Eles me cumprimentaram com um largo sorriso, e eu soube na mesma hora que eram os pais de Cleo, o que foi confirmado por ela.

– Sua mãe está usando a palavra "Mama" – disse eu.

Todo mundo fez que sim com a cabeça. Cleo respondeu:

– Era assim que todo mundo a chamava. Como vai o reumatismo dela?

Todos rimos da observação espontânea de Cleo.

– Mama está me dizendo que ela adora os anjinhos da janela e que você não deveria desistir já; é cedo demais.

Caroline interrompeu:

– Está vendo, mamãe, eu disse isso! Eu tinha uma intuição de que a gente não devia vender já.

– Seu pai está dizendo que é importante não ser bobo depois de trabalhar tanto. Eu acho que ele está se referindo a todos vocês. Mama está falando sobre como ela adora os anjos e está me dizendo que vocês estão ajudando um monte de gente, mesmo que não saibam. Ela está me falando sobre a loja. Ela adora a loja.

Walter interrompeu:

– É inacreditável.

– Por quê? – perguntei.

– Bem, nós temos essa loja que compramos com o dinheiro do testamento de Mama, e a loja não está indo bem. Então nós estávamos pensando em vendê-la.

– Que tipo de loja? – perguntei.

Walter olhou-me direto nos olhos.

– Uma loja de anjos. Nós vendemos artigos sobre anjos.

Alguns momentos se passaram e continuei, com outra mensagem.

– Esta Mama é mesmo uma figura. Gosto dela. Ela adora a vida.

– É, você percebeu bem. Mama era sempre a sensação das festas! – exclamou Cleo.

– A sua mãe está dizendo que você fez o purê de batatas *dela* ontem à noite.

Jasmine falou pela primeira vez:

– É, mamãe fez purê pra gente com a receita da vovó. Estava bom, do mesmo jeito que Mama fazia.

Ouvi Mama rindo no meu ouvido direito e dizendo:

– Não estava mesmo, você botou manteiga demais!

Repeti o que ouvira e demos uma grande gargalhada.

– Este homem que está aqui, o nome dele é Eddie? Ele fica repetindo “Eddie”.

Walter respondeu:

– É, esse era o nome dele.

Cleo interrompeu:

– Mas todo mundo só o chamava de Buddy. Eddie era o nome de batismo.

– Este homem me dá a impressão de mancar. Ele tinha algum problema na perna esquerda?

As duas meninas responderam juntas:

– Sim!

Jasmine acrescentou:

– Ele foi ferido na guerra e tinha um pedaço de metal na perna.

– Ele agora está dançando e quer que eu diga a vocês que ele não manca mais.

Cleo exclamou:

– Deus seja louvado!

– Preciso dizer que é maravilhoso trabalhar com vocês. Vocês são muito abertos e parece que entendem exatamente o que é o processo de comunicação espiritual.

Cleo respondeu:

– Nós temos que entender. Nós todos fomos criados com isso. Mama costumava me trazer a espiritualistas desde que eu era pequena.

Jasmine acrescentou:

– E ela lia nas folhas de chá o tempo todo!

– Então é por isso. Agora estou entendendo.

Durante todo este tempo, Lenny estava sentado na sua cadeira de rodas, incapaz de falar. Mas isso não o impedia de gritar entusiasmado, principalmente quando chegavam informações que ele entendia. De repente, surgiu um espírito inesperado, com uma voz que me deixou estarrecido.

– Alguém aqui conhece uma pessoa chamada Ross?

Lenny deixou escapar um grito agudo. Todos responderam juntos:

– Sim!

E Caroline acrescentou:

– É papai!

E então todos começaram a falar ao mesmo tempo:

– Como você está, papai?

– Como você está se sentindo agora, papai?

Foi difícil para mim concentrar-me no que o espírito queria dizer. Devo esclarecer que, ao contrário dos outros espíritos, ele preferiu não mostrar sua aparência física, mas entrar em contato comigo através de sua personalidade.

Descrevi para a família o que estava recebendo:

– Este homem é um pouco difícil. O que quero dizer é que ele parece ser muito teimoso e não quer ser incomodado com todo mundo dizendo o que ele deve fazer. Isso faz sentido?

Todos concordaram simultaneamente. Cleo continuou:

– Ele era um saco. Não era, papai?

Ross era o marido de Cleo, mas ela também o chamava de "papai", como todos os outros. Ela acrescentou, rindo para si mesma:

– Ele achava que sabia tudo e que nós todos éramos malucos.

Cleo então começou a me contar o que seu marido achava das coisas espirituais:

– Ele nunca acreditou em nada disso. Ele achava que, quando a gente morre, é enterrado e vira jantar para os vermes.

Jasmine disse:

– Sempre que qualquer um de nós falava sobre o céu,

papai dizia que, se o céu existisse, era provável que nenhum de nós o veria, porque nós iríamos todos para o inferno por conversar tanto com os mortos.

Neste momento, fiquei muito impressionado com os sentimentos deste pai e comecei a relatá-los.

– O seu pai teve problemas nos pulmões antes de morrer? Porque ele me dá a impressão de que não consegue respirar. Sinto meus pulmões incapazes de se encherem de ar – eu disse, segurando o peito. Walter respondeu:

– Ele morreu de enfisema.

– Seu pai está me contando que encontrou uma pessoa chamada Libby.

Cleo respondeu:

– Ah, sim, era a irmã dele. Ela morreu há mais ou menos vinte anos.

– Seu pai está dizendo que se lembra do hospital e de como era difícil respirar. Ele sabia que ia morrer, e, quando morreu, acordou em um lugar lindo. Parecia uma enfermaria, mas era diferente de qualquer lugar na Terra. No início ele achou que estava sonhando, porque tudo era lindo demais. Ele está me mostrando um jardim florido, e pessoas, e enviando o pensamento de que ele não sabia onde estava. Sua irmã Libby apareceu e ele mal podia acreditar que era ela. Ele achou que iria ver Jesus e os anjos, mas ela ficava repetindo que não era assim que funcionava. Ele diz que estava vendo pessoas que não via há anos e que se sentia muito real, e o lugar era real para ele. Então, ele viu seu pai e sua mãe. Estavam muito bem vestidos. Ele está rindo agora. Ele diz que a mãe dele passou a maior parte da vida com os cabelos brancos, mas agora estavam castanhos. Ela também tinha uma marca de nascença no pescoço que tinha desaparecido. Ele me diz que está em um lugar maravilhoso, no campo, parecido com o lugar onde foi criado. Tudo é tão sereno e tranqüilo. Ele está dizendo que vai pescar todos os dias.

Walter exclamou:

– Nós costumávamos pescar juntos o tempo todo!

– Ele está me dizendo que lamenta ter acreditado que a vida termina na Terra. Ele agora sabe que é completamente natural que a vida continue depois que deixamos nossos corpos. Ele quer pedir desculpas por não ter acreditado em vocês quando falavam com ele sobre o lado espiritual da vida. Ele agora já sabe. Definitivamente, não é o que ele esperava.

Caroline respondeu, apoiada por todos, inclusive Lenny:

– Tudo bem, papai, nós te amamos.

Em seguida, Ross dirigiu-se a seu filho Lenny, com uma mensagem especial e profundamente comovente:

– Você foi colocado na Terra com uma doença degenerativa para ensinar as pessoas à sua volta o que é o amor incondicional.

Com isso, toda a família respondeu:

– Aleluia!

A aceitação amorosa na mensagem de Ross – e, na verdade, a união e o calor humano da família Monroe – é preciosa e rara. Assim como Anthony, nós queremos que o mundo seja perfeito, ou, como Carl, exigimos a perfeição de nós mesmos. Talvez tenham sido as críticas e expectativas de nossos pais e professores, somadas ao nosso desejo de agradá-los, que nos fizeram lutar pela perfeição a qualquer custo. Mas não hesito em afirmar: o perfeccionismo é uma maldição.

Em última instância, a vida não pode ser totalmente gratificante, nem podemos apreciá-la se não nos conscientizarmos de nosso próprio poder interior, da nossa conexão com a energia da Força de Deus. Para fazer isto, temos que abrir mão das expectativas, procurar nos conhecer e viver a vida a partir de quem realmente somos. Ser fiel à natureza da própria alma: somente assim se alcança a paz.

IX

Culpa

> A fonte principal de nossos sofrimentos não são os vícios ou as fraquezas, mas as nossas ilusões. Nós somos assombrados não pela realidade, mas pelas imagens que colocamos no lugar da realidade.
>
> – Daniel J. Boorstin

Freqüentemente, ouço as pessoas dizerem, "um pouco de culpa faz bem à alma", mas não concordo. Não estou falando sobre o remorso genuíno em relação a um erro que podemos remediar; refiro-me ao tipo de culpa autopunitiva que é acompanhada por sentimentos de baixa auto-estima e inadequação.

Muitas vezes, nos sentimos culpados devido a algum tipo de expectativa auto-imposta sobre como deveríamos ou não nos comportar. Geralmente, baseamos essas expectativas no medo. Dizemos ou fazemos alguma coisa levados pelo medo, porque achamos que a verdade não pode ser dita. Mais tarde, nos arrependemos de nossas mentiras e erros, e sentimos culpa por termos cometido tais erros. No íntimo, achamos que pecamos e que devemos ser punidos.

Qualquer forma de autocondenação é prejudicial à alma. A culpa não só cria desarmonia nos corpos espiritual e emocional como também está relacionada com muitos dos problemas de saúde de que sofremos, como veremos nas sessões que vou descrever.

Acho que a Matei

Esta sessão foi realizada na minha casa, em 1995. Na época, eu estava começando a ser reconhecido pelos telespectadores do *The Joan Rivers Show* e do *show* da NBC *The Other Side*. Uma mulher me viu na TV e escreveu uma carta implorando por uma sessão. Segundo suas palavras, "minha vida está em ruínas e não consigo continuar".

Dana tinha cerca de um metro e sessenta de altura e estava acima do seu peso. Quando ela entrou, senti sua carga de desespero e depressão.

Dana me cumprimentou com um encantador "Bom-dia" e agradecendo profusamente por ter lhe concedido uma sessão:

– O seu assistente me telefonou e disse que houve uma desistência. É um sinal dos céus, porque hoje é o aniversário do meu paizinho!

Disse a ela que o mundo espiritual trabalha de maneiras muito misteriosas quando deseja ser conhecido. Ela sorriu, como se soubesse algo que eu não sabia. Sentamos e comecei minha oração.

Levou cerca de meia hora até que Elsie, o espírito que Dana estava esperando, aparecesse.

– Está aqui uma senhora com um lindo vestido estampado com flores. Ela tem uma aparência bastante suave e cabelos castanhos presos no alto da cabeça. Ela está me dizendo que tem uma cabeleira cheia agora, e não apenas alguns fios!

Essa informação fez Dana começar a chorar.

– É a minha mãe. Ela está bem? – perguntou baixinho.

– Ela está respondendo que sim. Correu tudo bem na sua passagem. Ela está me contando sobre a cicatriz. Uma cicatriz junto do seu lábio. Está correto?

Dana sacudiu a cabeça.

– Para ser honesta, não me lembro. Por que ela diria algo assim?

– Uma forma de identificação. Meus guias sempre insistem que os espíritos dêem informações para confirmar sua presença.

Dana pegou sua bolsa e começou a remexê-la. Alguns momentos depois, tirou uma foto e olhou para ela.

– Puxa, é mesmo, você tem razão. Há uma pequena cicatriz junto do lábio inferior. Veja só. Ela me mostrou a foto e, de fato, lá estava a cicatriz.

– Sua mãe está falando sobre uma pessoa chamada Stella. É alguém que você conhece?

– Conheço, é a minha irmã.

– Você não está falando com a sua irmã? Sua mãe está me dizendo que vocês brigaram. Existe alguém chamado Paul, também?

Dana não conseguia acreditar no que ouvia. Ela olhava para mim, surpresa.

– Existe sim, é o meu irmão, Paulie. É, nós brigamos.

Oh, meu Deus. O que ela está dizendo? Por favor, me ajude, mamãe.

– Ela está me mostrando algum tipo de documento jurídico. Eu não sei o que isto significa, mas ela está me passando a sensação de um julgamento ou audiência no tribunal.

– Continue – ela pediu. – Eu compreendo.

– Ela disse que isso não vai ser bom. Você precisa transmitir isso a eles, que é errado se comportarem assim.

– Eles nunca vão acreditar nisso. Como posso fazer com que acreditem nisso? – Dana perguntou.

– Deixe que eles ouçam a fita desta sessão – respondi.

A minha observação não pareceu mudar a sua atitude. Dana continuou perplexa.

– A sua mãe quer que você saiba que ela está com Marty. Você conhece este nome?

Dana começou a chorar novamente.

– Sim, feliz aniversário, papai.

– Sinto que este homem fumava e tinha problemas respiratórios.

– É verdade, ele morreu de enfisema. Ele está bem?

– Sim, ele está bem. Está tomando conta da sua mãe e há alguém com ele. Parece que se chama Don.

Dana concordou.

– Certo, Donnie, seu irmão. Ele morreu há um mês.

Naquele momento, a sessão tomou um rumo dramático.

– Sua mãe está me mostrando uma cena em que você está ajoelhada ao pé da cama dela, recitando o rosário.

– Sim, sim. – Dana chorava. – Eu rezava por ela todos

os dias. Eu queria que o sofrimento dela acabasse. Ela não fazia nada a não ser gemer de agonia. Eu queria ajudar. Eu rezava pedindo ajuda. Espero ter feito a coisa certa, mamãe.

Continuei com minhas impressões, tentando expressá-las da maneira mais correta possível.

– A sua mãe estava em coma? – perguntei.

– Estava – admitiu Dana em meio às lágrimas. – Ela teve um derrame. Não conseguia respirar sozinha. Eles a faziam respirar por máquinas. Eu não suportava vê-la assim.

Não pude acreditar no que me foi transmitido em seguida:

– A sua mãe está me dizendo que você tirou o tubo da garganta dela.

Dana tremia. Seus olhos estavam fixos no chão.

– É... é, eu tirei. Eu não queria matá-la; só não agüentava mais vê-la sofrendo daquele jeito.

Apesar de estar acostumado a ouvir todo o tipo de coisas, fiquei chocado. Tenho que ser muito objetivo e isso nem sempre é fácil.

Eu sentia o sofrimento de Dana. Depois de algum tempo, continuei a transmitir a mensagem.

– Sua mãe disse que isso não importa. Ela está me dizendo que você teve coragem. Foi um ato de amor. Ela quer que saiba que você fez isso por amor; ela diz que partiu na hora estabelecida por Deus.

Ainda olhando para o chão, Dana perguntou: – Eu a matei?

– Sua mãe me diz que não estava nas suas mãos. Afirma que sobreviveu, de qualquer modo.

Inclinei-me e toquei o rosto de Dana, levantando sua cabeça: – A sua mãe não morreu imediatamente, não foi?

Dana sacudiu a cabeça: – Não. Ela durou mais uma semana. Os médicos disseram que seu coração era fraco demais para continuar funcionando. Ele finalmente apagou.

– Então por que você está fazendo isso consigo mesma? Você não a matou. Ela partiu naturalmente.

– Porque Paulie e Stella me acusaram de matá-la. Eles estão me processando. Não sei se consigo enfrentar isso.

Fiquei sentado durante alguns minutos em silêncio. Subitamente, senti um tapinha no meu ombro. Era o pai de Dana, Marty. Ele me transmitiu um nome. Aproximei-me e perguntei a Dana: – Você conhece alguém chamado Simon?

Ela me olhou de uma maneira estranha: – Que esquisito. Por que está me perguntando isso? Tenho uma reunião com ele esta tarde. É um advogado. Foi recomendado por um amigo meu.

– Seu pai está dizendo que este Simon vai ajudá-la e que você vai ficar bem. Seu pai disse que Simon foi mandado pelo céu.

Com esta última informação, Dana se animou. Pude ver pelo brilho nos seus olhos que, depois de ter sido isolada pela família e condenada ao inferno, ela finalmente recebera um motivo para viver e vislumbrava uma luz.

Alguns meses depois, Dana ligou para me agradecer e contou que Simon de fato conseguira ajudá-la. O caso havia sido abandonado e ela estava no processo de reconciliação com sua família. Queria também me contar que perdera quinze quilos e que voltara a namorar.

Um Segredo Bem Guardado

Quando Robin, uma moça de cerca de vinte e cinco anos, me procurou, pensei: *o que ela está fazendo aqui? Ela é jovem demais para ter perdido alguém.* Eu estava reagindo exatamente como recomendava que meus estudantes não fizessem – estava racionalizando. Recitei minha oração e a sessão começou, mas logo depois tive uma sensação engraçada:

– É muito estranho, mas quero cantar a canção "Ring Around the Rosy". Estou vendo duas garotas louras vestidas do mesmo jeito e brincando. Elas estão cantando esta canção.

Imediatamente, Robin confirmou que aquilo fazia sentido para ela.

– Estou recebendo a impressão de uma mulher. Ela está me dizendo que vocês duas têm os olhos e os cabelos da mesma cor. Pode compreender isso?

– Posso, compreendo perfeitamente, James – ela respondeu.

– Sinto que quero dizer o nome Rachel. Ela está me dizendo Rachel. Ela está muito próxima de você, muito próxima. Não sei por quê, mas vocês têm uma forte conexão. É quase como se fossem idênticas.

Robin respondeu numa voz aguda: – Ela é minha irmã gêmea, Rachel. Ela morreu há vários anos.

– Gêmeas! Não admira que ela seja tão ligada a você. A sua irmã está mostrando uma bela casa no topo de uma colina. Ela está falando sobre uma mudança. Você acabou de comprar uma casa? E algo sobre um azulão (*blue bird*). Você compreende isso?

Robin exclamou subitamente: – Bluebird Lane! Esta é a rua onde está a casa.

Nós dois sacudimos nossas cabeças, espantados.

– Sua irmã quer que eu diga que ela esteve perto de você durante um bom tempo. Você pôde senti-la?

– Não, na verdade não. Mas tive alguns sonhos.

– Os sonhos são um modo de comunicação dos espíritos, mas acho que sua irmã quer dizer que ela esteve olhando você.

Robin suspirou. – Puxa, que ótimo! Adoro isso!

– Ela viu você escolhendo o papel de parede. Ela gostou do amarelo com as flores pequenas.

Olhei para Robin; sua reação foi de surpresa.

– Oh, meu Deus. Eu estava olhando exatamente para ele. Eu de fato comprei o papel que ela mencionou. Que coisa!

– Ela estava tentando influenciá-la para que comprasse o papel. Ela está me dizendo que sabia que você recebeu o pensamento, porque você pensou nela naquele momento.

– Sim, é verdade. Eu peguei o papel e me perguntei se Rachel teria gostado dele.

Enquanto Robin terminava de falar, subitamente senti-me tomado por uma onda de emoção. Era como se eu estivesse prestes a chorar e precisasse compartilhar meus sentimentos.

– A sua irmã a ama muito e quer que eu lhe diga que ela precisava partir. Mas ela quer ficar por perto e apreciar a vida física através de você. Ela pode acompanhar você de vez em quando?

Robin começou a ficar com os olhos cheios d'água. Olhou para o teto e disse à sua irmã:

– Quando quiser, Rach... eu amo você.

Neste momento, experimentei uma sensação estranha. Havia uma jovem diante de mim, expressando muito amor para sua irmã idêntica, que estava do meu outro lado. Como as duas tinham exatamente a mesma voz, parecia que a mesma pessoa estava falando dos dois lados da conversa.

Então, Robin gritou: – Por favor, diga a ela que sinto muito!

Olhei para Robin, esperando para ouvir a resposta da sua irmã.

– Ela não está entendendo. Mas espere... Havia alguma coisa de errado com o sangue dela? Ela está me mostrando células sangüíneas sendo atacadas. Parece a sua medula. Ela teve leucemia? – perguntei.

Robin começou a chorar: – Sim, ela teve.

– Ela está me dizendo que você doou sangue para ela. Você pensou que poderia salvar a vida dela.

– Bobagem minha, não foi?

– Não, por que você diz isso? Foi um belo gesto. A sua irmã nunca esqueceu seu ato de generosidade. Ela sempre estará em débito com você.

Robin sacudiu a cabeça e depois perdeu o controle: – Mas não deu certo. Ela morreu. Ela era minha melhor amiga. Sinto tanto a sua falta... foi tudo culpa minha! Eu dou azar para as pessoas!

Passei os dez minutos seguintes acalmando Robin. Ela conseguiu recuperar-se.

– Robin, a sua irmã está me dizendo que a morte dela não foi culpa sua. Era a hora natural da sua partida. Ela está me dizendo que você deve compreender que nada do que aconteceu foi culpa sua.

Robin ficou parada, como se estivesse olhando através de mim.

Rachel então me transmitiu novidades inesperadas.

– Você conhece o nome Jake?

Robin olhou para baixo durante alguns segundos e depois respondeu: – O que foi? Você disse Jake?

– Sim, Jake. A sua irmã está me dando esse nome.

Robin pareceu horrorizada e escondeu o rosto com as mãos.

– Ela quer que você saiba que Jake está bem. Jake já voltou. Ainda não era a vez dele, e você não estava pronta. Não foi um pecado! A sua irmã quer que você saiba que não foi um pecado!

Robin estava dividida entre o choque e a descrença.

– Ela não quer que você se sinta culpada. Ela quer que você ame a si mesma! Não foi culpa sua. Por favor, ame a si mesma!

Como eu não compreendia o que estava acontecendo, esperava que fizesse algum sentido para Robin. Quando olhei para o seu rosto, soube que a mensagem fora compreendida.

Eu disse suavemente: – Você está em absoluta segurança e é muito amada.

Depois de alguns momentos de silêncio, Robin lentamente começou a desvelar o mistério da comunicação da sua irmã.

– Quando eu tinha dezesseis anos engravidei e minha irmã e eu costumávamos fingir que o nome do bebê seria Jake. Nós nunca falávamos em gravidez, só dizíamos Jake. Depois de um mês e pouco de gravidez, meu namorado me deixou e minha única saída foi abortar. Só minha irmã soube disso. Ela me prometeu que nunca diria a ninguém. Era o nosso segredo.

Robin deixou a cabeça cair e as lágrimas escorreram por seu rosto. Entre soluços, ela me contou que logo depois sua irmã aparecera com leucemia e morrera.

– Sempre senti culpa pela morte de Rachel. Eu pensei que Deus estivesse me punindo pelo que eu fizera com Jake.

A história de Robin era muito emocionante e eu fiquei profundamente comovido com sua angústia e com seus devastadores sentimentos de culpa. Passei algum tempo explicando que Deus não é vingativo.

– Deus não nos pune – disse eu. – Somos nós que punimos a nós mesmos.

Garanti que a alma nunca morre e nunca sofre dores físicas:

– Como sua irmã disse, Jake voltou e está vivendo em outro local da Terra.

Depois de vários minutos, Robin enxugou as lágrimas e olhou para o teto como se estivesse rezando silenciosamente pela irmã. Começou então a me agradecer.

– Eu estive me torturando durante tantos anos. Realmente acreditava que era responsável pela morte de Rachel.

Robin deixou meu consultório com o coração leve e com um novo senso de si mesma. Ela sentira o amor compassivo de sua irmã e tivera a confirmação de que Rachel não só estava cuidando dela como continuaria a compartilhar muitas partes importantes da sua vida. Elas eram gêmeas ligadas para sempre, e nem a morte poderia separá-las.

O Tiro

Certa noite de sábado, uma semana antes do Natal, um jovem casal que participara de várias de minhas demonstrações públicas me convidou à sua casa em Pasadena, Califórnia, para conhecer seis pessoas. Havia quatro mulheres e dois homens. Eu não sabia se eles se conheciam bem, nem o que esperavam de mim. Contudo, cada um dos convidados mostrou-se disposto a abrir seu coração para expor o sofrimento e a tristeza que sentia. Expliquei como trabalhava e comecei com minha oração. Na primeira parte da sessão, fiz a leitura para três pessoas. Os avós do jovem casal apareceram com algumas mensagens sobre sua situação financeira. Uma tia se revelou a uma mulher fornecendo como prova a informação de que a mulher mudara de emprego três vezes no ano anterior. A comunicação incluía uma série de detalhes, desde úlceras no estômago até acampamentos. As confirmações eram extraordinárias. Enquanto observava as reações do grupo, a maioria pareceu bastante satisfeita, exceto um único homem chamado Rob.

Durante um intervalo, enquanto saía da sala, escutei Rob dizer: – Ele tem que estar inventando tudo isso. Sabe, ele faz muitas perguntas. Algumas das coisas são tão gerais, que podem se aplicar a qualquer pessoa.

Quinze minutos depois, quando iniciei a sessão com uma oração, fui quase instantaneamente direcionado para Rob.

– Posso ir até você? – perguntei.

O rosto de Rob tornou-se inexpressivo. Então, ele sorriu e disse: – Claro, vá em frente.

Eu percebia o desconforto de Rob, mas sentia que ele procurava cooperar, talvez tentando descobrir algum truque. Quando as pessoas resistem ao trabalho que realizo, preciso me concentrar ainda mais para manter a vibração espiritual e receber as impressões.

Imediatamente, tive a sensação de que havia um homem ao lado dele. À medida que concentrava minha energia, comecei a ver o homem com mais clareza. Ele tinha cabelos castanho-claros, olhos verdes e um sorriso encantador. Suas mãos estavam sobre os ombros de Rob.

– Você conhece Akron, Ohio?

Rob ficou pálido. Olhou para os outros, sem acreditar no que ouvia, esperando que dissessem alguma coisa para tranqüilizá-lo. Depois, olhou para mim:

– Conheço, eu cresci lá antes que meu pai fosse transferido.

– Lembra-se da igreja ou escola de St. Lucy?

– Sim. É... como diabos...

Rob começou a tremer e a gaguejar: – Quem está aí? Quem está falando com você?

A arrogância de Rob começava a desmoronar.

Continuei com minhas impressões:

– Tenho aqui um homem que afirma conhecê-lo. Ele diz que viveu em Akron.

Rob indagou: – É o meu avô? Ele viveu lá. Na verdade, ele nasceu e foi criado lá. – O nervosismo transparecia claramente em sua fala.

– Este homem está falando de uma arma – disse eu.

– Meu avô tinha uma arma. Era uma espingarda. Ele costumava me ensinar a usá-la.

Eu sabia, através das vibrações, que o espírito atrás de Rob não era o seu avô. Enviei uma mensagem mental ao espírito e pedi que me dissesse quem era. Rob se remexia na cadeira e sua aflição parecia se espalhar pela sala. Todos estavam ansiosos para saber quem era aquele convidado misterioso.

– É alguém que você não via há anos. Ele está me dizendo que você se lembraria dele através de algo ou alguém chamado Spike.

Os olhos de Rob se arregalaram. Ele não conseguia parar de tremer: – Deus do céu... Deus do céu, não pode ser... Não pode ser. Danny? Danny, é você?

Subitamente, lágrimas começaram a correr pelo rosto de Rob. – Spike era a bicicleta dele. Ele costumava chamar sua bicicleta de Spike. Era uma brincadeira nossa.

– Ele está dizendo que morava na sua rua.

– Sim, eu sei. É Danny Timmons. Crescemos juntos.

Então, Rob, em estado de choque, levantou-se e apontou para mim, gritando: – Quem é você? Que piada cruel é esta? Alguém lhe contou. Alguém deve ter contado.

Esperei vários minutos até que se aquietasse, e as outras pessoas na sala ajudaram Rob a se acalmar. Ele afundou na cadeira e escondeu o rosto com as mãos. Lembrei-lhe de que ninguém na sala sabia daquela informação e garanti-lhe que eu fazia meu trabalho com a maior seriedade. Minhas palavras o confortaram um pouco e isto o ajudou a confiar em mim.

– Danny está mostrando uma arma. É a mesma arma que eu vi antes. Você compreende isso?

– Sim... sim, compreendo – murmurou Rob, continuando a falar em voz baixa. Pedi-lhe que falasse um pouco mais alto.

Rob então levantou a voz e disse: – Tenho um mensagem para o Danny. Diga-lhe que sinto muito, realmente sinto muito. Estive tentando toda a minha vida compensar o que fiz com você, Danny. Por favor, me perdoe. Eu passo no cemitério sempre que visito a cidade. Ele fica bem na frente da escola de St. Lucy, onde estudamos. Gostaria que não houvesse acontecido nada. Eu me castigo todos os dias pelo que aconteceu.

– Danny sabe que foi sem querer. Ele quer agradecer por todos os seus pensamentos amorosos e pelo trabalho que fez em seu nome. Ele está dizendo para você deixar a culpa de lado. Ele quer que você viva plenamente. Ele quer que você seja feliz.

Depois disso, ficamos sabendo que Rob e Danny haviam sido vizinhos e amigos. Certo dia, Rob sugeriu que brincassem de índios e caubóis, e pegou a arma do avô. Enquanto brincavam, a arma disparou acidentalmente e o tiro atingiu o peito de Danny, matando-o. É desnecessário dizer que a vida de Rob nunca mais foi a mesma. Desde os oito anos, Rob carregava consigo a culpa da morte de Danny. A memória da morte do seu jovem amigo diante dos seus olhos o assombrava sem cessar. Ele nunca conseguira se livrar das imagens e sentimentos que ela despertava. Como um cirurgião, Rob passava catorze horas por dia salvando a vida das pessoas. A culpa podia ter beneficiado os outros, mas era hora de Rob finalmente livrar-se dela.

Como essas histórias mostram, o terrível fardo da culpa por acontecimentos que não podemos mudar é capaz de destruir vidas e tornar-se um grande peso na nossa jornada espiritual. Quando carregamos o fardo da culpa, ficamos presos ao passado. O passado acabou e não há nada que possamos fazer para trazê-lo de volta. Uma das grandes verdades espirituais que aprendi nesses muitos anos é que nosso poder pessoal existe apenas no aqui e agora.

A melhor maneira de se livrar da culpa é perdoar a si mesmo e aos outros, e lembrar-se de que, como seres espirituais, estamos numa jornada eterna. Estamos aqui para aprender e crescer a partir de todas as nossas experiências.

X

Medo

> O que você tem a temer? Nada. Quem você precisa temer? Ninguém. Por quê? Porque aqueles que se unem a Deus obtêm três grandes privilégios: onipotência sem poder, embriaguez sem vinho e vida sem morte.
>
> – São Francisco de Assis

Assim como o amor é a grande força unificadora, o medo é a grande força divisora. Enquanto a alma possui um acúmulo de experiências de vidas passadas e obrigações cármicas na sua memória, a personalidade chega neste mundo como uma folha em branco. Nossa identidade é desenvolvida e formada pelas pessoas e pelo ambiente em que vivemos. O que acontece é que, à medida que crescemos, deixamos que os julgamentos e crenças dos outros ditem a nossa identidade. Gradualmente, se começamos a cair nessa armadilha e nos esquecemos de quem somos verdadeiramente, da nossa dimensão divina, sentimos medo.

O medo é uma criação enganosa das nossas mentes. Não é real. Não há dúvida de que existem coisas muito reais a serem temidas no mundo, mas não estou falando do medo que acompanha os instintos básicos de sobrevivência. Refiro-me aos medos emocionais que surgem de impressões e ilusões falsas. Fomos tão condicionados pelos eventos mundiais e pela violência, que passamos a acreditar que o mundo é um lugar assustador. Crescemos com medo de coisas ou de pessoas que achamos que querem nos agredir. Tentamos viver de acordo com os padrões de outras pessoas e nos transformamos em algo que não somos. Essencialmente, não somos fiéis a nós mesmos.

Quando nossas mentes são envolvidas pelo medo, muitas vezes este medo é sentido fisicamente. O corpo físico fica tenso à medida que revivemos mentalmente uma situação assustadora e o medo cresce cada vez mais. Então, a nossa energia enfraquece. Às vezes, ficamos literalmente paralisados e tememos o futuro.

Quando o medo entra na vida de uma pessoa, ele esconde a luz da alma. Qualquer raio de luz que possa estar tentando aliviar o medo não consegue passar. Quando sucumbimos aos nossos medos, eles inevitavelmente tomam conta das nossas vidas e nos impedem de assumir riscos e de fazer as coisas que desejamos.

Então, como vencer e controlar o medo? Em primeiro lugar, pensando positivamente e usando a lei universal da afinidade: "semelhante atrai semelhante". Sempre que um pensamento negativo ou assustador surge na minha mente, repito a afirmação que faz parte da oração com que geralmente inicio um *workshop*: "Eu sou saudável, eu sou sagrado, eu sou feliz." Deixo que ela penetre no meu subconsciente. Como já disse muitas vezes, nossos pensamentos criam nosso destino. Substituindo um pensamento negativo por um pensamento positivo, começamos a atrair tranqüilidade e confiança em vez de medo e incerteza. Em segundo lugar, podemos controlar o medo usando de forma construtiva a lei da causa e efeito. Caso queiramos o bem em nossa vida, precisamos ser amorosos e generosos nas situações que encontrarmos. Você não pode esperar a paz e o contentamento se estiver criando miséria para os outros. Em último lugar, se desejamos felicidade e alegria, não podemos buscar a verdade no mundo externo. Quando tivermos consciência de nossa origem divina, saberemos que viemos do amor e sentiremos esse amor dentro de nós.

Lembre-se de que Deus sempre diz sim;
somos nós que dizemos não.

Os relatos seguintes mostram como os pensamentos causados pelo medo incapacitam as pessoas.

Estou com Medo

Há vários anos, um casal veio me procurar, parecendo bastante tenso. Como acontece com muitas pessoas, a mulher, Mira, estava ansiosa com a perspectiva de ter uma comunicação com o mundo dos espíritos. Seu marido, Lloyd, tinha uma expressão preocupada e fatigada no rosto e nos olhos escuros e penetrantes. Mira explicou que eles tinham tido medo de contar à família sobre sua visita, porque não queriam ser considerados estranhos. Eu disse que compreendia suas preocupações, e garanti-lhes que nada de estranho iria acontecer.

Assim que comecei a sessão, tive uma sensação intensa e gelada vinda do lado esquerdo de Mira. Fechei os olhos e vi uma mulher.

– Há uma mulher do seu lado esquerdo, Mira. Ela se chama Sari ou Sarah. Você conhece alguém com esse nome?

Mira teve um choque. Abriu a boca, mas não conseguiu emitir nenhum som. Olhou para Lloyd, que a tranqüilizou, dizendo que podia falar.

– Sim, senhor. Conheço esse nome.

– Sarah está me dizendo que conheceu sua mãe e é uma das três.

– Sim, ela é a irmã da minha mãe, uma de três irmãos – minha mãe, tia Sarah e seu irmão.

Eu só podia ver o espírito de Sarah do tronco para cima. Muitas vezes, os espíritos não se mostram totalmente para mim, e às vezes vejo apenas um rosto.

– Sarah está me dizendo alguma coisa sobre a Rua Franklin. Você sabe o que significa?

Depois de algum tempo, ela respondeu: – Sim, era a rua onde ela morava.

– Ela está esfregando o braço esquerdo. Parece estar descolorado como uma queimadura, do cotovelo até a mão. Ela me diz que tudo está melhor agora.

Mira exclamou: – Oh, meu Deus, é verdade. Quando eu era uma garotinha, visitei minha tia na sua casa na Rua Franklin. Ela estava preparando chá e, quando tirou o bule do fogão, ele escorregou e a água queimou gravemente seu braço. Lembro-me desse incidente perfeitamente, porque ela ficou com aquela cicatriz durante toda a vida.

– Eu nunca soube disso – disse Lloyd.

Então me voltei para Lloyd, dizendo que a mulher estava muito feliz, porque ele estava cuidando muito bem da filha dela.

– Lloyd, esta senhora quer que eu diga a você que suas orações foram ouvidas.

Ele olhou para mim, surpreso: – O quê?

– Sarah está me dizendo que há mais alguém que quer saber por que você não trouxe a luva de beisebol dele como tinha planejado.

Lloyd e Mira se entreolharam e começaram a chorar.

Mira murmurou: – Oh, meu Deus... é ele?

– É o garotinho que vocês perderam. Ele está me dizendo que morreu no quarto do hospital. Ele está falando muito rápido; disse que seu sangue era ruim.

– Sim, ele teve leucemia – respondeu Lloyd.

– Ele quer que vocês saibam que está bem, e que a Vovó B também estava no hospital. Vocês compreendem isso?

Através de lágrimas, Lloyd disse: – Sim, era a minha mãe. Ele chamava a mãe de Mira de Vovó A e a minha mãe de Vovó B. Minha mãe morreu um ano antes do nosso Joshua.

– Então ele está bem? – perguntou Mira.

– Sim, está ótimo. Ele está me dizendo que tinha muito medo de morrer. Que não queria cair no buraco escuro. Isso faz algum sentido?

– Sim – disse Mira. – Um mês antes de morrer ele teve sonhos nos quais caía num buraco negro e era comido por algum tipo de monstro.

– Ele está me dizendo que teve medo de que, quando morresse, não fosse capaz de ver vocês, ou o Pé Grande ou Bola de Algodão novamente. Eu não sei o que isso significa.

– Eram os seus bichos de estimação. Pé Grande é um pastor alemão, e Bola de Algodão é o seu coelho.

– Ele disse que Bigodes está com ele.

– Este é o seu outro coelho que morreu.

– Sarah está dizendo que Joshua está com vários animais – continuei. – Seu filho vê que era bobagem ter tanto medo. Ele disse que vem vê-los o tempo todo. Ele quer que você saiba que ele jogou o jogo que você tinha prometido. Você compreende o que ele está dizendo?

Lloyd explicou que ele prometera jogar beisebol com seu filho depois que ele saísse do hospital.

– Agora entendo então o que ele queria dizer com a luva de beisebol.

Joshua então voltou a falar muito rapidamente e, enquanto escutava, eu comecei a rir.

– Seu garoto está dizendo que está muito feliz. Ele disse que é como viver na Terra Encantada, lá do outro lado.

Mira sorriu. – Ele costumava brincar o tempo todo!

Sarah me garantiu que o pequeno Joshua estava extremamente feliz.

Eu disse aos pais: – Ele sabe que não há mais nada a temer.

O que Há Lá Fora?

Há algum tempo, tive uma sessão bastante incomum e acho que ela serve especialmente para falar do medo.

Bridget era uma jovem doce e alta, com cabelos ruivos ondulados. Como sua aura era maravilhosamente clara e amorosa, perguntei se ela trabalhava com algum tipo de cura.

– Trabalho – respondeu. – Faço massagem terapêutica e gostaria de encontrar um trabalho que me permitisse ajudar as pessoas.

Então, ela me disse que dirigira duas horas, vindo de San Diego, porque tinha urgência em me ver. Logo fiquei sabendo por quê.

Por trás da minha orelha direita, comecei a ouvir uma penetrante voz feminina gritando. Era bastante perturbador, de modo que instruí meus guias a dizer a essa mulher que eu conseguia ouvi-la.

– Estou livre! Estou livre! – ela repetiu várias vezes.

– Esta mulher está me dizendo que vive na luz e que não precisa mais se esconder. Está dando o nome, Vicky ou Victoria.

– É a minha mãe. O seu nome é Victoria Jane. – Bridget parecia satisfeita. Soube que este era o motivo que a levara a me procurar. – Ela está bem?

– Sim, ela está bem. Sua mãe está me dizendo que se viu novamente numa Terra de felicidade e paz. Ela diz que compreende claramente agora e que não tem mais medo.

Bridget tinha um grande sorriso no seu rosto suave.

– Ela está me dizendo que costumava ter medo de tudo e de todos.

Subitamente, tive uma sensação muito estranha e não compreendia o que estava acontecendo comigo. Fechei os olhos e, como se estivesse sendo levado, comecei a me sentir fechado numa caixa. O espaço ao meu redor era negro como piche. Senti um sufocamento e um extremo desconforto, quase como se estivesse sendo enterrado vivo. Precisava me livrar dessa sensação imediatamente, portanto, abri os olhos.

– Você está bem, James? – perguntou Bridget.

– Acho que sim. Isso foi muito estranho. Eu nunca me senti desse jeito antes. Deus do céu, foi como se eu estivesse preso e não pudesse sair.

Tomei um gole d'água e mentalmente perguntei aos meus guias espirituais o que estava acontecendo. Eles me explicaram que aquela sensação era necessária para a comunicação, porque era assim que aquele espírito se sentira a maior parte da vida.

– A sua mãe foi confinada de alguma maneira? – perguntei.

– Por que você pergunta isso?

– Senti-me como se estivesse trancado num buraco escuro e fiquei morto de medo. Eu não sei o que isso significa, mas foi essa a sensação.

– Minha mãe sofria de agorafobia. Ela nunca saía de casa. Tinha muito medo de que alguma coisa lá fora fosse agarrá-la. Ela passou a maior parte da sua vida dentro de casa.

Lágrimas começaram a rolar pelo rosto de Bridget. Então, escutei a doce voz da sua mãe e transmiti a mensagem a Bridget:

– Posso caminhar à luz do sol agora. Conheci pessoas de todo tipo. É tão bom estar viva!

Bridget ficou radiante com a nova liberdade da sua mãe.

– Ela está dizendo que agora percebe que seu medo fez com que perdesse muitas experiências e que desperdiçou oportunidades maravilhosas.

– É, acho que sim. Ela não saiu de casa durante dez anos.

Era difícil acreditar que as pessoas pudessem ter tanto medo da vida. Contudo, eu tinha que ficar atento à comunicação e não preso ao aspecto emocional; senão, perderia a sensibilidade para ouvir o resto da mensagem.

Então, senti uma dor súbita no peito e tive a visão de uma escadaria. Perguntei a Bridget se isso significava alguma coisa.

– Sim – ela respondeu. – Mamãe morreu de um ataque cardíaco e caiu da escada.

– A sua mãe quer que eu diga que ela não sente mais dor alguma. Na verdade, ela sente-se fresca como uma margarida. Ela está com Alfred.

– É o meu avô, pai dela.

Então, quando pensei que estivéssemos chegando ao fim, Victoria revelou algo realmente incrível. Fiquei olhando para ela, de pé ao lado de Bridget, e, enquanto recebia suas mensagens, acenei com a cabeça, repetindo: "Sei." Quando ela terminou de transmitir seus pensamentos, eu disse:

– Sua mãe acha importante que você saiba que ela descobriu por que tinha tanto medo de deixar a casa.

Bridget ficou perplexa. – Por quê?

– Sua mãe estava me mostrando imagens enquanto

enviava seus pensamentos. Aparentemente, numa vida anterior, o pai dela foi algum tipo de soberano ou nobre, e ela era uma garotinha que vivia num castelo. A sua mãe a preveniu de que ela nunca deveria deixar o castelo, por causa das pessoas que não gostavam do pai dela. A mãe disse que, se ela deixasse a segurança do castelo, alguém a levaria embora e nunca mais a traria de volta. Sendo curiosa, certo dia, ela ultrapassou as muralhas do castelo e foi imediatamente capturada por homens a cavalo.

– Oh, meu Deus, o que aconteceu com ela? – perguntou Bridget.

Descrevi a cena que sua mãe me transmitira. Vi uma garotinha loura caída junto de um rio, com a garganta cortada de orelha a orelha.

Estávamos ambos atordoados com os detalhes da descrição de Victoria. Com esta nova informação, Bridget compreendeu perfeitamente por que a sua mãe havia se tornado agorafóbica. Expliquei também que as almas voltavam à Terra com certas memórias enterradas profundamente no corpo espiritual. Às vezes, essas experiências são traumáticas e assustadoras como as de Victoria. Muitas almas tentam lidar com essas fobias e medos de uma vida anterior. Às vezes, elas têm sucesso, e outras, não.

Bridget agradeceu à sua mãe pelo seu amor e orientação. Sua mãe respondeu me enviando uma última imagem. Ela estava num jardim cheio de rosas usando um leve vestido rosado. Levava uma rosa branca aos lábios e soprava as pétalas para sua filha.

A Cólera Divina

Escolhi a sessão seguinte porque reflete uma situação extremamente comum: quando a ignorância, o preconceito e o medo separam membros da família e geram vergonha, amargura e culpa.

Joe e Carrie, irmão e irmã, chegaram para sua consulta numa ensolarada quarta-feira à tarde. Eles me disseram que não acreditavam em médiuns, mas que se sentiram compelidos a me procurar depois de numerosos sonhos sobre um irmão que já havia morrido. Ficamos sentados durante alguns minutos conversando, até que subitamente tomei consciência de que um jovem falava comigo.

– Há alguém aqui. Ele parece ter uns vinte anos. Seu cabelo é castanho e está ficando ralo, me dá a impressão de que ele estava preocupado em perdê-lo. Isso faz sentido?

Carrie ficou muda de espanto. Joe respondeu: – Sim senhor, faz sim.

– Ele quer que eu diga que despertou com uma bela cabeleira.

– Ele perdeu todo o cabelo antes de morrer – murmurou Carrie.

Olhei para Joe e disse: – Joe, seu irmão está feliz de vê-lo aqui. Ele nunca esperou que você viesse, mas quer que saiba que realmente aprecia o fato de você ter vindo e quer que você saiba que ele o ama.

Joe ficou vermelho e começou a chorar.

– Quem é Tommy? – perguntei.

– É o nome dele – disse Joe.

– Bem, Tommy está ótimo. Ele quer que vocês saibam que conseguiu.

– Por favor, diga a ele que sinto muito. Eu simplesmente não pude... – Joe sussurrou.

– Tommy quer que você saiba que ele está bem. Ele está me mostrando uma Bíblia. Ele fica empurrando a Bíblia para mim. Por quê?

– Bem, a nossa mãe é evangélica e lê a Bíblia o tempo todo – a voz de Carrie embargou. – Ela disse que Tommy iria para o inferno por causa de seu estilo de vida. Mamãe rezava pela redenção da sua alma noite e dia.

Depois de alguns momentos, Carrie perguntou humildemente: – Meu irmão está no inferno?

Fiquei sem ter o que dizer, impressionado mais uma vez com a maneira como as pessoas impõem seu medo aos outros. Depois de alguns minutos, transmiti a mensagem do irmão.

– Tommy quer que vocês saibam que ele deve estar no céu, porque ele nunca viu nenhum lugar tão lindo e cheio de amor. Afirma que nunca viu nenhum lugar que parecesse com o inferno. Hum... ele diz que o inferno está na Terra.

Joe concordou.

– Seu irmão está me dizendo que teve muito medo antes de morrer, porque uma parte dele ainda acreditava na sua mãe e nas suas convicções religiosas. Ele estava passando por um grande distúrbio emocional. Ele morreu de AIDS?

– Morreu – respondeu Carrie.

– Ele disse que acreditava na sua mãe quando ela dizia que a sua doença era a punição divina por ele ser homossexual. Acho que seu irmão não possuía muita auto-estima e autoconfiança.

– Tommy era uma boa pessoa – replicou Carrie. – Mas ele sempre achou que havia algo de errado com ele, devido ao que nossa mãe pensava.

– A sexualidade não tem nada a ver com a quantidade de amor e generosidade que uma pessoa possui no coração. Por favor, tentem compreender isso. Ser homossexual não é errado. Deus só conhece o amor. Só os humanos estabelecem condições para amar, e não Deus.

Continuei a expressar os pensamentos do seu irmão.

– Tommy está me dizendo que ele se ama agora mais do que nunca.

– Você pode, por favor, dizer a ele que sinto muito por não ter ido visitá-lo? – disse Joe.

– Quanto tempo você ficou afastado dele? – perguntei.

– Cinco anos. Eu quase o abandonei quando descobri que ele era *gay*. Tive medo de pegar AIDS também, se ficasse perto dele. Fui estúpido – Joe começou a chorar.

Fiquei sentindo toda a raiva e irritação reprimidas que Joe sentia por si mesmo. Disse a ele para não ser tão duro consigo mesmo. – Algum dia, você vai compreender – disse. Enquanto eu falava com Joe, Tommy me interrompeu.

– Joe, você compreende o que ele quer dizer com encruzilhada?

– Sim. É um grupo de voluntários para AIDS do qual estou participando. Comecei depois da morte de Tommy.

Fiquei surpreso com a mudança de Joe.

– Tommy está sorrindo porque está muito orgulhoso de

você. Você tocou o seu coração. Não só demonstrou seu amor por ele como também a sua aceitação e vontade de aprender.

Carrie agarrou a mão de Joe.

– Tommy sabe que eu estive rezando por ele? – ela perguntou.

– Sim. Ele está dizendo que tentou agradecer-lhe num sonho, mas você não compreendeu. Ele disse que tinha algo a ver com um pássaro.

– É, tem razão. Eu tive um sonho três noites atrás sobre uma pomba branca que me seguia por toda parte. Tive a sensação de que poderia ser Tommy – respondeu Carrie.

– Seu irmão está pedindo que você diga à sua mãe que ele está no céu com Wendy – continuei.

– Wendy era uma grande amiga da minha mãe. Que surpresa! – exclamou Carrie.

– Tommy disse que é muito mais fácil de compreender a vida agora porque ele vê as coisas de uma maneira mais ampla do que via na Terra.

Deixei que Joe e Carrie soubessem o quanto seu irmão os amava e como estaria ainda mais com eles. Antes que eu concluísse a comunicação, Joe pediu que eu dissesse mais uma coisa ao seu irmão.

– Você pode, por favor, dizer a ele que o amamos e que sentimos sua falta?

Escutei a resposta de Tommy: – Ele sabe e diz que sempre amará vocês. Ele quer que eu diga que vocês estarão todos juntos novamente algum dia no céu, um lugar onde o amor nunca morre.

Muitos dos espíritos que se comunicaram, como Joshua e Tommy, tinham uma imagem assustadora do processo de morte. No caso de Tommy, o seu medo da morte foi causado pela crença de sua mãe num Deus irado e vingativo. Em todas as minhas experiências, nenhum espírito disse que Deus estava esperando do outro lado para puni-lo pelos seus atos terrenos. Muitas vezes, nas minhas demonstrações, digo: "Para saber se devem acreditar em alguma coisa, certifiquem-se de que ela se baseia no amor e no respeito." Há um número excessivo de pessoas infelizes que vivem com medo do inferno, do fogo e da condenação.

Como a sessão de Victoria revelou, quando o medo tem um efeito paralisante sobre nossas vidas, torna-se impossível realizar nossos sonhos e concretizar nosso potencial. Nesses casos, existem muitos médicos, professores e profissionais da área da saúde, como Bridget, que desejam ajudar os outros a eliminar sua dor. O amor de Deus vem para todas as pessoas deste planeta. Nós só precisamos pedir ajuda, pois existem sempre pessoas prontas a nos encorajar, para que sejamos capazes de superar nossos medos e a viver de maneira plena e produtiva.

XI

Perdão

Nós não podemos amar, a menos que aceitemos o perdão. E quanto mais profunda for a nossa experiência do perdão, maior será o nosso amor.
– Paul Tillich

Na minha infância, minha mãe costumava colocar curativos nos meus machucados e retirava-os religiosamente dois dias depois. Nunca compreendi por que ela fazia isso, já que as feridas não estavam completamente curadas. Quando perguntei sobre o assunto, ela respondeu: – É preciso expor a ferida ao ar para que ela feche mais rápido. – O mesmo acontece com nossas feridas emocionais, que precisam de um pouco de exposição para começar o processo de cura.

Quando alguém diz ou faz algo que nos magoa, tendemos a nos apegar à ferida e a guardar ressentimentos em relação àquela pessoa. Do ponto de vista da energia psíquica, isto é um erro. Carregar uma ferida emocional estimula e alimenta emoções e pensamentos negativos relacionados com essa ferida, e a dor contagia nosso espaço. Como já disse várias vezes, semelhante atrai semelhante. Portanto, atrairemos elementos igualmente negativos. Quanto antes nos permitirmos vivenciar os sentimentos de raiva e frustração, mais cedo poderemos nos desapegar da dor. E com esse desapego vem o verdadeiro passo na direção da cura: o perdão.

O que cria o poder de curar a si mesmo? O que dá a uma pessoa a coragem de perdoar? Dois ingredientes são fundamentais: a compreensão espiritual conquistada através do processo constante de autoconhecimento e a prática persistente do desapego. Pessoas capazes de compaixão aprendem as lições do perdão. Elas percebem que o apego à mágoa faz com que o sofrimento se repita indefinidamente. O perdão traz a cura para a pessoa e ajuda a difundir esta consciência para toda a humanidade.

Eu Perdôo a Senhora

Este fato é um dos mais doces exemplos de perdão que já vi. Ele aconteceu de maneira inesperada, já que o espírito não tinha qualquer parentesco com alguém na sala. Ele serve para mostrar que, quando a necessidade é muito intensa, o mundo espiritual pode abrir-se para nós.

Eu estava conduzindo uma demonstração diante de um grupo de quinhentas pessoas numa noite quente de verão. Pessoas haviam esperado numa fila durante duas horas antes da abertura das portas, para conseguir um bom lugar. (Isto sempre me deixa perplexo. O espírito encontra as pessoas certas, onde quer que estejam sentadas.) Durante minha apresentação, vi um espírito subitamente aparecer no fundo da sala. Ele começou a flutuar pela fileira central. Enquanto se aproximava, vi que era uma linda garotinha, num ofuscante vestido amarelo, que estava pulando corda. Seu cabelo era louro e brilhante e estava preso em duas longas tranças. Ela parou diante de mim: pude perceber que ela tinha uma missão. Reconheci sua presença e imediatamente comecei a compartilhar minha imagem com a audiência, perguntando:

– Alguém reconhece esta garotinha?

Ninguém levantou a mão durante cerca de três minutos. Enviei uma mensagem mental para a garota, pedindo algo mais forte para prosseguir.

Ela me respondeu com um pensamento. – Quero falar com a senhora que me viu brincando. Ela estava indo para casa.

Repeti o que ela dissera, e ainda estava procurando alguém na audiência quando a garotinha enviou um mensagem alta e clara:

– A senhora dirige um carro branco.

Uma mulher se levantou na quarta fileira à minha esquerda. Parecia um pouco insegura.

Perguntei: – A senhora sabe quem é esta garota?

– Sim, acho que sei – replicou. E prosseguiu tristemente: – Sim, eu sei quem é ela. Eu a atropelei há três anos e ela morreu.

Um sussurro de espanto atravessou a audiência. Ninguém esperava ouvir algo assim.

A mulher começou a chorar, enquanto continuava sua história.

– Eu estava voltando do trabalho. Fiz uma curva e ela

apareceu no meio da rua pulando corda diante do meu carro. Só vi a menina quando já era tarde demais. Não tive tempo de parar.

Passei a travar um diálogo com a mulher, baseado nos pensamentos e impressões que recebia da garotinha.

– Ela está me mostrando um bichinho de pelúcia. É um carneirinho. Está dando a entender que a senhora deu esse bichinho para ela. Isso faz sentido?

– Sim. Eu deixei um carneirinho no seu túmulo. Eu vou vê-la o tempo todo. Não sei mais o que fazer.

– Esta garotinha está mostrando dois garotos de cinco ou seis anos perto da senhora. A senhora sabe quem são?

– Não, não sei. Acho que não.

– Quem é Freddie?

– É o meu neto. Oh, meu Deus, Freddie e Bryan, meus netos. Eu tenho dois netos de seis e sete anos, e o mais jovem é Freddie. Está certo.

– A garotinha está me dizendo que Freddie gosta de um jogo com macacos. Algo com o nome de barril. O que é isso, por favor?

Um membro da audiência veio rapidamente me ajudar com o nome Barril de Macacos.

– Sim, Barril de Macacos. É isso que a garota está dizendo.

A mulher ficou ainda mais impressionada. – Eu estive com Freddie esta tarde. Estava tomando conta dele, e Freddie ficou o tempo todo brincando com o Barril de Macacos. Incrível!

– A garotinha está olhando para a senhora. Ela diz que a perdoou. Pode entender isso?

A mulher ficou um pouco desconcertada com esta afirmação.

– Ela veio aqui dizer que a perdoa, mas que a senhora precisa perdoar a si mesma. Ela quer que saiba que ela ainda está viva, entendeu?

A mulher sacudiu a cabeça, confusa, e olhou para o chão.

– Ela diz que a senhora precisa ser feliz por Freddie. A garotinha gosta dele e quer que a senhora seja uma boa avó para ele. Ela está dizendo: "Ele quer uma avó feliz."

Subitamente, recebi uma impressão muito forte e não soube ao certo se era da garotinha ou do meu guia índio.

– Freddie vai ficar bem, assim como o irmão dele. Não se preocupe. A garotinha também está bem. A senhora precisa se cuidar e perdoar a si mesma, e a sua vida vai ficar muito mais fácil. Pode compreender isso?

– Sim – ela respondeu. – É impressionante. Esta manhã eu fui à igreja e pedi um sinal de que tudo ficaria bem. Eu não sei como agradecer.

– Esta garotinha veio de longe para ajudá-la a perdoar e amar a si mesma. Faça isso, e esta será a melhor forma de me agradecer.

Pude perceber uma mudança ocorrendo naquela mulher. Havia definitivamente um sensação de leveza substituindo o exterior frio e sombrio de alguns minutos atrás. Depois de tanta expressão de perdão e amor, o resto da noite fluiu maravilhosamente. Todos deixaram o prédio sentindo-se imensamente confortados e encorajados.

Querida, Eu Sinto Muito

É muito comum que espíritos voltem para pedir perdão por algo que fizeram ou deixaram de fazer na Terra. É trágico e doloroso ouvir essas histórias, mas elas podem trazer uma libertação necessária. Freqüentemente, pedir perdão parece ser a última coisa a resolver para que o espírito saia do mundo astral em direção a uma vida mais plena no Céu.

Esta leitura aconteceu em um seminário em Denver, Colorado, diante de oitocentas pessoas. Sempre acho um pouco mais difícil manter a concentração com tantas pessoas na sala. Mas fico tranqüilo quando os espíritos fazem fila atrás de mim e, ao relaxar completamente, a comunicação torna-se clara. Num ambiente com tantas pessoas, os espíritos muitas vezes trazem mensagens que são lições para todos no recinto. Isto é, mesmo que a mensagem não seja diretamente pessoal, a maioria das pessoas na sala é tocada por ela e pode se beneficiar.

Um espírito veio até mim: tinha cerca de um metro e setenta de altura e pesava uns noventa e cinco quilos. Ele queria falar com alguém na audiência com o nome de Kathy. Quando pedi mais informações ao espírito para encontrar Kathy, ele me mostrou uma sólida bancada de carpinteiro num porão, onde costumava ficar sentado o tempo todo.

Passei a imagem para minha audiência e uma mulher ergueu a mão.

– Por favor, qual é o seu nome? – perguntei.

– Kathy – ela respondeu.

– Muito bem. Ele está me mostrando uma bancada de carpinteiro com um abajur de vidro colorido. Você compreende isso?

– Compreendo – disse ela. – Esse abajur estava sempre no seu banco de carpinteiro. Era da mãe dele e ele prometeu que iria consertá-lo. O abajur ficou ali durante dez anos, mas ele nunca o consertou.

Ao ouvir isso, todo mundo riu, pois o detalhe era muito humano e uma boa prova da presença de um espírito.

– Ele está me mostrando um rádio na bancada e um velho calendário na parede. Estou vendo um calendário com uma fotografia enfiada nele. Parece uma foto em preto e branco. Inacreditável! Isso faz sentido para você?

Ela negou, sacudindo a cabeça.

Fiquei bastante frustrado, porque era exatamente o que eu estava vendo.

Então, Kathy se inclinou e falou com uma mulher sentada ao seu lado. Enquanto sussurrava algo para a mulher, imediatamente recebi a impressão de "Iris".

– Você sabe alguma coisa sobre Iris?

Kathy exclamou: – Sim. É a minha mãe, que está aqui ao meu lado.

– Algo do que eu disse faz sentido para a senhora?

– Sim. A foto é um retrato meu. Está pendurada lá há muito tempo. Foi tirada logo depois que nos casamos.

– Este homem bebia? – perguntei.

Iris continuou, um pouco embaraçada: – Ele gostava de beber de vez em quando.

Vi uma imagem de uma garrafa numa gaveta. – Ele guardava gim na segunda gaveta da sua bancada de carpinteiro?

Iris sacudiu a cabeça e sorriu. – Guardava sim, nós descobrimos depois que ele morreu. Devia haver umas vinte ou trinta garrafas ali.

A comunicação passou a ter um tom mais sério, e o motivo por que o espírito veio se comunicar tornou-se aparente:

– Vocês conhecem o nome Mitch? – perguntei.

As duas assentiram.

Iris respondeu: – É o nome do meu marido. Você estava falando com ele.

Comecei a descrever os sentimentos que ele estava me transmitindo.

– Kathy, este homem quer falar com você. Sinto muito, mas eu preciso transmitir o que estou recebendo. Ele sente muito pela maneira como a tratou. Está dizendo que não foi o melhor dos pais; está me contando sobre como desaprovava seus namorados. Ele nunca queria você longe dos olhos dele. Isso é verdade?

– É verdade, sim. Nunca. – Kathy começou a ficar emocionada.

– Mitch está me dizendo que era agressivo. Está dizendo que fugia do mundo descendo até o porão e bebendo. Vocês compreendem?

Ambas fizeram que sim com a cabeça.

– Kathy, ele está me contando que não foi ao seu casamento. Isso é verdade?

– Sim. Ele não foi porque não gostava do homem com quem me casei.

– Ele sente muito por isso. Está dizendo que não falou com você durante muito tempo.

– Sim. Ficamos sem nos falar durante dez anos. Nunca o vi depois que me casei. Não o vi antes que morresse – ela lamentou.

– Seu pai está implorando seu perdão. Ele sente muita vergonha do que fez com você. Mas não só por isso: está me pedindo que o perdoe pelo sofrimento que lhe causou na sua infância. Compreende isso?

Kathy começou a chorar. Ela confirmou a informação com a cabeça.

Então, voltei minha atenção para a mãe de Kathy: – Iris, você é uma santa. Este homem está me dizendo que foi muito agressivo com você. Ele costumava gritar com você o tempo todo e sinto que este abuso destruiu sua autoconfiança.

Iris concordou suavemente: – É, destruiu.

– Acho que este homem não amava a si mesmo. Acho que, no fundo, ele não apreciava a si próprio. Ele sente culpa por si mesmo e por suas ações. Iris, ele está me dizendo que costumava bater em você.

Encolhi-me diante da impressão que estava recebendo.

Iris baixou a cabeça e suspirou: – Batia, sim.

Então, recebi uma imagem de Mitch sentado no porão. Sobre sua mesa estava uma fileira de rifles de caça. Ele os desmontava, limpando-os um a um. Relatei isso às duas mulheres, que concordaram completamente.

– Ele costumava descer o tempo todo e polir aquelas armas – disse Iris.

A visão seguinte foi bastante devastadora.

– Não quero perturbá-las, mas sinto que este homem passava um bocado de tempo no porão olhando para aquelas armas e pensando em suicídio. Isto é verdade?

Tive que perguntar, mesmo sabendo a resposta.

Ambas responderam em uníssono: – Sim.

– Ele se matou no porão – murmurou Iris.

Fiquei muito perturbado com esta imagem e levei vários minutos para recuperar-me.

– Vocês duas são mulheres incríveis por terem passado por essa experiência e saído incólumes.

Enquanto falava com elas, recebi novamente uma imagem intensa de Mitch. Quando há uma necessidade tão forte, aparecem imagens bastante vívidas.

– Este homem está se ajoelhando diante de você, Iris. Ele está estendendo a mão para você e chorando. Está me dizendo que quer o seu perdão. Ele foi terrível com você. Está me contando que, quando se conheceram, você era como uma flor recém-colhida. Era feliz e criativa, e ele a destruiu. Está dizendo que a envenenou ao nunca deixar que fizesse o que queria; estava sempre tentando controlá-la. Ele sente muito.

Iris apenas sacudiu a cabeça e disse: – Eu perdôo você, Mitch. Diga-lhe que o perdôo. Ele não precisa mais sofrer. Eu só quero que ele seja feliz.

Toda a audiência estava emocionada e feliz por ouvir as palavras de perdão de uma mulher que fora tão machucada a vida inteira. Ela verdadeiramente ofereceu a Mitch seu amor incondicional.

– Seu marido a ouviu e está chorando. Ele a ama e está agradecendo. Você colocou um sorriso no seu rosto. Ele diz que sente falta das suas piruetas. Isso faz sentido?

– Sim. Eu era uma bailarina quando nos casamos. Ele costumava ficar sentado, durante horas, assistindo, enquanto eu praticava minhas piruetas. Na verdade, na foto que ele prendeu naquele calendário eu estava fazendo uma pirueta.

Agradeci e abençoei Kathy e Iris por compartilharem um momento tão íntimo com todos nós. Agradeci a Mitch por ter a coragem de buscar o perdão da sua família.

Perdoe-me Porque Eu Não Sei o que Fiz

Cada sessão que faço tem uma característica especial. Algumas são extremamente emocionais, enquanto outras são incrivelmente ricas, com detalhes comprovadores. Também existem sessões que combinam fatos e emoções e cujo efeito é simplesmente impressionante. Às vezes essas experiências podem alterar para sempre a vida de uma pessoa. A história seguinte é um exemplo de tais sessões. Um homem me procurou depois que seu amante morreu de AIDS. Esperando ouvir palavras apenas do seu companheiro, ficou totalmente assombrado quando outras pessoas do seu passado distante romperam o véu, porque precisavam desesperadamente alcançá-lo.

Peter, um homem simpático de meia-idade, me procurara depois de assistir a uma demonstração do meu trabalho num evento em prol da AIDS em Los Angeles. Pouco depois de abrir a sessão com a oração costumeira, vi um homem louro à minha direita. Ele estava bastante determinado a ser reconhecido.

– Há um homem aqui. Ele é muito insistente. Ele realmente quer falar e ter certeza de que está se comunicando com você. Ele tem cabelos louros e é muito bonito. Tem um sorriso brilhante, e tudo o que posso dizer é que parece insistente e agressivo.

Peter parecia reconhecer a descrição do espírito.

– Você o está descrevendo perfeitamente. Ele era exatamente assim.

– É um nome bastante incomum, mas vou dizê-lo de qualquer modo. Você conhece o nome Norris? Parece Norris ou Morris?

– Sim, Norris. É esse o seu nome – exclamou Peter.

– Bem, ele está me dizendo que o nome não é assim. É Norrie. Ele repete: "Prefiro ser chamado de Norrie." Ok, tudo bem! – respondi.

Olhei para Peter. Ele estava boquiaberto, surpreso com o que ouvia.

– Está certo. Esse é o seu apelido. Nós sempre o chamamos de Norrie – disse Peter.

– Ele quer dizer alô para Nancy. Por favor, mande seu afeto e também um agradecimento.

Peter falava lentamente, tentando digerir cada palavra minha. – Está bem, vou mandar. Ela é uma amiga íntima. Estava ao seu lado quando ele morreu.

– Ele a adora e diz que ela é muito divertida. Está dizendo também que gosta demais dos abajures dourados junto da cama e que andou mexendo num deles há muito pouco tempo. Ontem, ou no dia anterior. Você percebeu uma mudança em um dos abajures?

– Sim – respondeu Peter. – Na verdade, a lâmpada queimou no abajur do lado direito da cama ontem. Pensei que devia ser Norrie, porque o abajur estava no seu lado da cama e a lâmpada foi colocada há apenas uma semana.

– É o espírito! – exclamei.

Expliquei a Peter que o amor de uma pessoa por outra pode transcender a morte e muitas vezes é revelado através desses tipos de ocorrências elétricas na casa. Enquanto a sessão continuava, Norrie falou sobre sua morte e descreveu como foi teimoso durante a doença. Ele se desculpou com Peter por se aproveitar da sua generosidade. Também falou muito sobre um banco e sobre as pessoas que trabalhavam lá. Mais tarde, Peter confirmou que Norrie de fato trabalhara num banco. Na metade da sessão, Norrie disse que outra pessoa queria falar com Peter. Ele assegurou a Peter de que logo se falariam novamente e que ele sempre o acompanharia em sonhos.

– Uma senhora está aqui. Ela tem um sotaque britânico e usa o nome de Julie.

– Sim, compreendo – respondeu Peter.

– Sinto uma vibração materna. Está certo? A sua mãe fez a passagem?

– Sim. E esse é o nome dela. – Peter então começou a falar diretamente com ela.

– Olá, mamãe. Seja bem-vinda. Obrigado por vir.

Sintonizei a vibração daquela mulher e imediatamente senti-me péssimo. Ela viera com o coração muito pesado e precisava de consolo e amor.

– Esta senhora está muito perturbada, Peter. Ela quer que eu diga a você como está arrependida. Ela diz que não era dona da própria vida e que achava que não tinha condições de criá-lo.

As lágrimas começaram a surgir nos olhos de Peter.

– Ela diz que sente muito por não ter ficado ao seu lado. Ela realmente precisa do seu perdão.

– Eu a perdôo. Compreendo.

– Ela está confessando que acha que não foi uma mãe muito boa para você e que gostaria de ter lhe ensinado muitas coisas, principalmente quando você era mais jovem. Ela está me dizendo que sabe a dor que isso causou na sua vida, mas que, de algum modo, isso pode tê-lo ajudado a ficar mais forte.

– Eu acredito nisso – respondeu Peter. – Foi de fato extremamente duro, mas deu-me uma força interior e me ensinou a ser autoconfiante.

– A sua mãe sente muito orgulho de você. Ela diz que você vai conhecê-la melhor quando for a sua vez de fazer a passagem. Ela está me dizendo: "Meu filho é capaz de muita compaixão."

Peter sorriu.

Então, vindo do nada, tive a sensação de outro espírito diante de mim. Sintonizei esta nova vibração e vi uma freira vestida num hábito negro com um rosário enorme amarrado ao redor da cintura.

– Estou aqui para falar com este homem, Peter. Posso fazê-lo, por favor? – ela indagou.

Respondi: – Pode. Quem é a senhora, por favor?

– Sou a Irmã Edith. Ele era um jovem estudante meu. Cuidei dele quando era um menininho.

Perguntei a Peter se ele compreendia aquilo.

– Sim, compreendo. Ela me criou – replicou Peter.

– Ela quer que eu diga a você que sente muito, muito mesmo. Está implorando o seu perdão. Ela disse que foi muito mesquinha e cruel com você. Está me dizendo que o trancava em salas ou armários escuros.

– É verdade. Era horrível – afirmou Peter.

Era uma cena que me causava desconforto, mesmo ao transmiti-la a Peter, mas tive que continuar.

– Esta freira está me dizendo que compreende agora muito mais do que compreendia na Terra. Ela não tinha paciência e se sentia frustrada. Ela não queria estar naquela situação e sentia-se aprisionada. Ela voltou sua raiva contra as crianças.

– É isso mesmo. Ela era uma mulher horrível. Está me pedindo demais ao querer que eu perdoe uma pessoa como ela. Ela devia estar num lugar errado.

– Ela está dizendo que sofreu pressões da família – observei.

Peter ficou em silêncio por um minuto. – Naturalmente, eu a perdôo, mas é difícil para mim esquecer.

Continuei com a sessão por mais algum tempo, enquanto a Irmã Edith falava com Peter, dizendo que estava aprendendo a amar no mundo espiritual.

– Ela está agradecendo a você por mostrar seu amor através do perdão.

Depois da leitura, Peter me disse que sua mãe fora uma pobre mulher que o colocara num orfanato aos cinco anos de idade. Ele viveu ali com a Irmã Edith e com várias outras freiras até os quinze anos.

Peter certamente tinha muito a perdoar. Foi impressionante testemunhar tamanho desapego da dor como o que aconteceu nessa sessão com Peter, sua mãe e a Irmã Edith.

Muitas vezes, pergunto às pessoas nas minhas demonstrações: "Alguma vez você já quis o benefício da dúvida ou ser perdoado por algo que fez?" Quando falo do perdão, peço às pessoas que tentem ver as coisas do ponto de vista do outro. Talvez não tenhamos levado a situação da outra pessoa em consideração; talvez não compreendamos seus motivos ou condicionamentos. Ou talvez tenhamos errado nas expectativas colocadas sobre a outra pessoa. De qualquer modo, sempre sugiro que o outro deve ter o benefício da dúvida, pois aqueles que perdoam são perdoados.

Acredito que o perdão deve ser um ato gratuito, incondicional e oferecido sem expectativa de resultado. Quando verdadeiramente perdoamos o outro, estamos usando os aspectos mais elevados da alma para expor a ferida e deixar que ela seja aliviada com a plenitude do amor. O perdão liberta o coração e nos leva da posição de vítimas para a de alguém no comando do próprio ser. Ele nos ajuda a realizar nossa verdadeira individualidade.

XII

Amor

O amor é a lei de Deus. Vivemos para poder
aprender a amar. Amamos para aprender
a viver. Nenhuma outra lição é exigida do homem.

– Mikhail Naimy

O que é o amor? É um instinto natural com que nascemos? É um comportamento que precisamos aprender e nos condicionarmos a aceitar? É um sentimento capturado no olhar de um amante? Ou é, talvez, uma estrela misteriosa e fora de alcance – algo que teremos que lutar durante várias vidas para conquistar?

Pessoalmente, acredito que o amor é *tudo*. Acredito que ele seja a Força Divina da qual fazemos parte. Esta força é representada espiritualmente pela Luz, e somos partes da Luz. Quanto mais clara é a nossa luz, mais forte é a consciência desta parte da nossa natureza. Nascemos com este senso da nossa luz e somos encorajados a aumentá-la ou a escondê-la de nós mesmos e do resto do mundo. Alguns perdem a luz de vista e passam o resto da vida buscando substitutos pobres para o amor. Drogas, sexo e violência são alguns dos substitutos do amor.

Quando começamos a reconhecer a luz do amor dentro de nós, é mais fácil vê-la dentro do outro. Quando duas pessoas estão "apaixonadas", elas vêem essa luz uma na outra. O mundo externo não existe para elas, porque estão no seu mundo particular do amor e sentem o esplendor e a felicidade que o amor oferece.

Quando você começa a viver a partir da luz interior da sua alma – o centro mais profundo do amor – realmente começa a viver como um ser espiritual. Tal como uma pessoa apaixonada, você experimenta um relacionamento com seu próprio coração. Toda vez que temos um pensamento generoso, dizemos uma palavra gentil ou somos úteis a alguém, estamos vivendo o princípio divino do amor e o centro amoroso se expande. Começamos a ver o mundo com olhos amorosos e sentimos a beleza e alegria em todas as coisas. Em essência, experimentamos o paraíso na Terra.

Foi difícil descobrir entre as minhas muitas sessões as que lidavam com o amor. Como poderia limitar o amor a um tipo específico? Pois o amor não tem limitações, e nenhum amor é mais importante do que outro. Seria o amor da mãe pelo filho, do marido pela esposa, ou até mesmo o amor de um bicho de estimação pelo seu dono? A escolha era difícil.

As três sessões que selecionei revelaram atos de amor, vividos por pessoas comuns. Cada um deles mostra o amor no seu nível mais elevado – a disposição de sacrificar-se ou de dar a própria vida pelo outro – e tem o poder de curar ou transformar a pessoa a quem se dedica, caso ela possa aceitar o amor. Espero que, ao lê-las, a sua luz seja enriquecida. À medida que cada um de nós alimenta o amor em nossas vidas, somos capazes de transmiti-lo para cada vida que tocamos.

Um Anjo Salvou Minha Vida

Ninguém pode fazer um filme ou escrever um romance mais dramático ou comovente do que uma vida humana comum. Ela percorre tantos caminhos sinuosos e envolve uma tal profundidade e complexidade de emoções, que fica difícil registrar. A história seguinte demonstra isso perfeitamente; ela apresenta a pureza do amor e o respeito pela vida. Neste caso, a morte uniu duas pessoas que tinham sido praticamente estranhas a vida toda.

Aconteceu numa sessão que conduzi em Los Angeles para um simpático grupo de oito. Geralmente, quando faço uma sessão para várias pessoas, há uma leitura particular que se destaca. Acho que esta leitura especial é o motivo principal do encontro. Muitas vezes, um espírito tem uma necessidade tão grande de transmitir uma mensagem para um ser vivo, que se esforça ao máximo para criar uma situação onde possa dar-se a conhecer.

Depois de fazer leituras para quatro das oito pessoas presentes, estava pronto para uma pausa. Contudo, senti-me compelido a completar mais uma leitura. Olhei para um jovem que estava sentado no extremo do sofá. Seu nome era Andrew. Tinha cerca de vinte e dois anos, seu cabelo era castanho-claro e estava vestindo uma camisa xadrez. Parecia muito silencioso e senti que não viera à sessão por vontade própria. Mais tarde fiquei sabendo que meu palpite estava certo: Andrew estava presente devido à insistência de um amigo.

Quando me aproximei de Andrew, ele deixou claro que queria falar com a avó que o criara. Concentrei-me intensamente, mas fui incapaz de receber qualquer vibração da sua avó. Em vez disso, chegou alguém inesperado.

– Você sabe alguma coisa sobre Chicago? – perguntei.

– Sim, eu nasci e morei lá quando era muito jovem.

– Hum... Você estudou lá?

– Sim, por pouco tempo. Por quê? – perguntou Andrew.

– Estou recebendo a impressão de uma escola de Chicago e estou vendo um garoto. Quem é Ziggy? É um nome muito estranho, mas é o que estou ouvindo. Você compreende?

– Ziggy? Eu não conheço nenhum Ziggy – respondeu Andrew.

– Agora, não. Em Chicago, há muito tempo – disse eu.

– Não, acho que não.

Andrew hesitou durante um momento. Eu quase podia ouvir seus neurônios latejando enquanto ele tentava recordar uma pessoa chamada Ziggy. Depois de alguns minutos, como ele ainda não fazia idéia, retomei a leitura.

– Espere um minuto! – gritou Andrew, me interrompendo no meio de uma frase. – Eu conhecia alguém... é, era o Ziggs, que nós chamávamos de Ziggy por causa de uma música que tocava na época. Fomos amigos quando garotos. Tinha dois outros caras: um era Mike Barras e o outro... não consigo lembrar do nome.

– Wyland? – interrompi, com um pensamento recém-recebido.

Andrew ficou pálido e a resposta “sim” caiu dos seus lábios. Seus olhos se arregalaram:

– Como você sabia disso?

– Há um homem na sua frente que diz que conheceu você naquela época. Ele diz que conheceu você, Ziggy e Wyland.

Andrew ficou visivelmente abalado com minha observação. Sacudiu a cabeça, sem acreditar: – Quem é? Quem é esse sujeito? Eu o conheço?

Enviei uma mensagem mental para o espírito, pedindo que ele fornecesse mais alguns detalhes identificadores. Depois de alguns minutos, recebi alguns pensamentos e os transmiti para Andrew.

– O homem que está aqui me dá a impressão de ser algum tipo de anjo da guarda seu. Ele está preocupado com seu bem-estar. Está me mostrando suas mãos; vejo calos. Era um trabalhador manual, porque agora está me mostrando ferramentas. Ele está dizendo que você o conhece pelo nome de Shorty.

Andrew, mais uma vez, se esforçou para recordar o nome.

Continuei com as impressões que estava recebendo.

– Este homem, Shorty, fez a passagem devido a um problema cardíaco. Mas ele também está me mostrando fumaça. Como um incêndio.

Andrew soltou um berro. Aparentemente, eu tinha dito a palavra secreta!

– Oh, meu Deus! – Os olhos de Andrew se encheram de lágrimas. – Não acredito. Como ele... Shorty? Shorty do colégio! – ele gritou.

– Sim, aquele colégio de Chicago.

Andrew teve um sobressalto, escondeu o rosto com as mãos e começou a chorar.

Todos ao seu redor tentaram consolá-lo, mas ele continuou perturbado por mais cinco minutos. Quando se recompôs, levantou a cabeça e começou a falar:

– Shorty era o zelador da minha escola primária. Certo dia, houve uma explosão na caldeira, e Ziggy, Wyland e eu ficamos presos no porão. Tudo estava pegando fogo. Gritávamos feito loucos porque achávamos que íamos morrer. Então, olhamos para cima e vimos Shorty vindo pela fumaça. Ele nos tirou de lá! Se não fosse por Shorty, eu não estaria aqui agora. Aquele homem salvou a minha vida!

Um "uau!" coletivo soou na sala inteira.

– Ele arriscou sua vida por mim! Devo tudo a ele. Obrigado, Shorty. Amo você, cara – exclamou Andrew, enquanto olhava para cima.

Então, ele se voltou para mim: – Mas por que ele está aqui?

Tive que dar uma pequena explicação sobre o mundo espiritual.

– Quando estava na Terra, Shorty teve uma vida muito semelhante à vida que leva atualmente. Ele está aqui para protegê-lo e para ajudá-lo a não cometer os mesmos erros que ele; está genuinamente preocupado com seu bem-estar. Ele está dizendo que uma das coisas positivas que fez na vida foi salvar você e seus amigos; ele deseja que esse ato de generosidade continue de algum modo. Por isso, ele ficou por perto para protegê-lo. Ele está me dizendo que estava com você em Springfield. Você compreende Springfield? – perguntei.

Andrew levantou-se num salto. – Sim... entendo. Entendo agora, pode acreditar!

Escutei, enquanto Shorty me contava, algumas coisas incríveis sobre a vida de Andrew. Mas as informações que ele me passou teriam constrangido o jovem diante do grupo.

– Gostaria de falar com você no final do encontro para passar as últimas informações que Shorty está transmitindo. É muito pessoal.

Mais tarde, Andrew e eu nos sentamos em outra sala da casa e terminei de transmitir a mensagem de Shorty.

– Este homem, Shorty, está muito preocupado com você. Ele falou sobre drogas, me disse que você estava na penitenciária de Springfield, que era uma situação que poderia ter sido evitada.

– É, eu estava vendendo drogas e fui pego – admitiu Andrew.

– Seu amigo Shorty veio aqui esta noite para ajudá-lo. Ele disse que você precisa procurar ajuda para seu vício e que só você pode se ajudar.

– Merda! Como é que ele sabe disso? Ninguém sabe disso!

– Ele disse que você precisa parar ou vai ser o seu fim.

Ele quer que você escute isso muito bem! – falei com firmeza.

Então, olhei Andrew nos olhos: – Você compreende?

Andrew começou a chorar como uma criança. Envolvi seus ombros com um braço e discutimos juntos o seu problema.

Eu não sei se foram as informações comprovadoras ou a preocupação amorosa do seu anjo da guarda, Shorty, mas aquela noite mudou a vida de Andrew para sempre. Ele decidiu que assumiria a responsabilidade pela sua vida e disse que procuraria o aconselhamento e reabilitação necessários para livrar-se do vício. Juntos, agradecemos a Shorty por voltar e salvar Andrew mais uma vez da porta da morte.

Essa sessão aconteceu há cinco anos. Atualmente, Andrew dá palestras para grupos nos Narcóticos Anônimos. Ele ajudou a salvar a vida de muitos outros e tornou-se, por sua vez, um anjo vivo aqui na Terra.

Você Deu a Sua Vida Para que Eu Pudesse Viver

Há alguns anos, concordei em aparecer num *show* de televisão chamado *Paranormal Borderline* (Fronteira Paranormal). Os produtores analisaram centenas de cartas solicitando leituras e finalmente selecionaram a que consideraram mais digna de desenvolvimento. Foi assim que Tom e Michelle Okins chegaram à minha sala de estar, junto com um bando de técnicos para instalar o equipamento.

Tom me contou que havia perdido sua mãe aos cinco

anos de idade. Desde então, estivera isolado da sua família e aprisionado numa longa luta contra drogas e álcool. Realizou várias tentivas fracassadas de suicídio. Aos trinta anos, Tom achava que estava faltando uma parte fundamental da sua vida e que eu era a última esperança possível de recuperá-la.

Finalmente, a iluminação, palco e som foram preparados, e as câmeras estavam prontas para filmar. Orientei o casal a se concentrar em mim, enquanto eu relaxava e abria minha energia ao mundo espiritual. Logo os dois mundos se fundiram, e os pensamentos de um espírito começaram a penetrar na minha mente.

– Há uma senhora aqui que é muito expansiva. Ela não quer deixar ninguém ficar no seu caminho. É muito independente e, em alguns aspectos, Tom, você parece com ela; quero dizer, em termos de personalidade.

Pude perceber que Tom estava atento a tudo o que eu dizia. Ele esperava que eu pudesse revelar alguma coisa, qualquer coisa, que confirmasse que estava falando com sua mãe.

– É, acho que sim. Foi o que ouvi falar a respeito dela. Naturalmente, não me lembro.

– Você sabe se sua mãe tinha ligações com Oklahoma? – perguntei.

– Sim, foi de lá que ela veio. Todos nós vivíamos lá. – Os olhos de Tom se arregalaram, cheios de expectativa.

– Esta senhora diante de mim está falando sobre o seu relógio, Michelle. Ela está me dizendo que ele quebrou; está falando algo sobre três da tarde.

– Oh, meu Deus! Sim, está certo! Hoje mesmo no hotel. O meu relógio parou por volta das três horas. Olhe!

Michelle mostrou o relógio quebrado no seu pulso. Ele marcava três e quinze.

O casal se entreolhou e apertaram as mãos um do outro.

Fui bastante cuidadoso com a mensagem prestes a ser revelada. Eu sabia que Tom e Michelle se preparavam para testemunhar a realização de um sonho.

– Tom, acho que a senhora junto de você é a sua mãe. Ela está muito feliz em falar com você.

Tom inclinou a cabeça, agradecido.

– Ela está tão feliz de estar aqui, que mal consegue se conter. Michelle, ela quer agradecer a você por tomar conta do seu menino. Ela está dizendo que você o salvou e que está em dívida com você.

Então me voltei para Tom e perguntei:

– Quem trabalha num banco?

– Eu trabalho – declarou Michelle.

– Esta senhora está me dizendo que você não vai ficar lá por muito mais tempo.

– Isso é tão engraçado – respondeu Michelle. – Eu estava pensando em conseguir um emprego diferente. Quero ser professora.

– Bem, de acordo com esta senhora, você vai conseguir – afirmei.

– Esta senhora me mostra um violão e está cantando. Ela está dizendo que adora cantar. Você compreende isso, Tom?

– Sim senhor, compreendo. – Subitamente, ele começou a chorar.

Depois de alguns minutos, ele disse: – De fato, minha mãe costumava tocar violão.

Então, ele procurou alguma coisa nos bolsos da calça e tirou um retrato. Ele me mostrou uma foto da sua mãe diante de uma lareira tocando violão. Ficamos todos olhando para a foto.

A essa altura, a sala inteira estava em silêncio. Quando olhei ao meu redor, pude ver faces banhadas de lágrimas. Obviamente, os técnicos nunca haviam visto ou ouvido algo assim.

Mas, quando pensei que havíamos alcançado o ápice da nossa montanha-russa emocional, o espírito revelou uma nova informação.

– Sua mãe está me mostrando uma estrada do interior. Há milharais dos dois lados da estrada. Ela está dirigindo um carro velho e usando um grande chapéu de palha. Está cantando junto com o rádio.

A essa altura, Tom chorava abertamente.

– É muito estranho, mas fico vendo caixas de correio. Sabe, do tipo que fica em postes junto da estrada.

Tom começou a soluçar e, entre os soluços, disse: – Sim senhor, está certo. Ela ia pegar a correspondência da tarde.

Subitamente, fui tomado por uma imagem intensa, acompanhada de forte ruído.

– Sua mãe está no carro cantando, enquanto dirige pela estrada. Ela olha para um garotinho no assento dianteiro, ao lado dela. Escuto um avião; é um tipo de fumigador de colheitas. O som fica mais alto. A sua mãe pára o carro. Subitamente, o avião perde o controle e cai exatamente sobre o carro. Ela empurra o garotinho para o chão na hora exata, porque o avião arranca o teto do carro. Sua mãe morre instantaneamente. Mas o garoto ao lado dela sobrevive.

Então, a visão se desfez.

Depois de alguns instantes, Tom levantou os olhos para mim e disse, lentamente: – Aquele garoto era eu!

Olhei para ele, compreendendo o que havia dito. Enquanto voltava à consciência da sala, senti-me esgotado, como se houvesse sido transportado de volta no tempo e no espaço. Não escutei o diretor gritando: – Corta!

Continuei a receber mensagens para aquele casal encantador.

– Sua mãe está dizendo que o ama muito e que, se fosse necessário, faria tudo de novo. Ela quer que você saiba que seu amor nunca terminou. Está dizendo que você precisa perceber que ela está sempre com você e sempre estará.

A mãe prosseguiu: – Ela está me dizendo que não deve deixar que os outros se aproveitem de você. Você tem uma ascendência familiar muito forte.

Então, ela me disse que o casal iria esperar uma garotinha. Mais tarde, Tom e Michelle me contaram que estavam planejando ter filhos e que dariam à sua filha o nome da mãe de Tom.

Um Amigo Até o Fim

A próxima leitura aconteceu durante uma conferência metafísica no Meio-Oeste. Essas conferências são oportunidades maravilhosas para que pessoas com interesses e sistemas de crenças variados se conheçam e experimentem coisas que não costumam fazer parte das suas vidas. Sinto um prazer especial em compartilhar meu dom com pessoas que nunca o testemunharam.

Aquela manhã de outono em particular foi especialmente feliz: pude trazer um espírito que desejava retomar um amor que tinha começado nesta Terra havia trinta anos.

Enquanto eu olhava para a multidão, fui subitamente levado a uma mulher de cabelos vermelhos sentada no fundo do auditório. Logo acima dela estava um espírito feminino com belos olhos azuis. O espírito estava se esforçando para chamar minha atenção. Assim, eu disse à mulher: – Gostaria de ir até você. Estou sendo levado por uma senhora que está ao seu lado.

A mulher se levantou e olhou ao redor, espantada.

– Ela tem belos olhos azuis e cabelos castanhos – disse.

– Será a minha avó? Ela tinha essa aparência quando era mais nova – disse a mulher.

– Não – repliquei. – Não é este o pensamento que estou recebendo. Esta senhora a conheceu quando você era mais jovem.

Agora a mulher parecia surpresa.

– Ela está me dizendo que vocês eram mais próximas do que você pensa e que ela a ama muito. Ela quer que eu diga que ela cresceu com você e que sempre será sua amiga.

Novamente, a mulher não conseguiu pensar em ninguém.

– Quem é Emma? – perguntei.

– Sou eu – disse ela.

– Esta mulher está me mostrando bonecas e uma casa de bonecas. Você entende isto?

Sem hesitar, Emma respondeu: – Não, sinto muito. Tem certeza de que sou a pessoa certa?

Concentrei-me nos pensamentos do espírito e pedi que enviasse informações adicionais para identificação.

– Esta mulher está me dizendo que você adorava pentear o cabelo dela. Ela está dizendo que você queria ter um cabelo como o dela.

Emma estava começando a reconhecer algo do que eu dizia. Parecia uma lembrança distante, mas lentamente as memórias estavam voltando.

– Acho que sei quem é – murmurou.

– Esta mulher está falando sobre a operação – continuei.

Emma soltou um grito agudo e começou a soluçar.

– Patty? – ela perguntou.

– Ela não está dando seu nome no momento, mas está me dizendo que você pode lembrar-se de passear com ela num caminhão de sorvetes.

– Sim, é Patty. Seu pai dirigia um caminhão da Good Humor e costumava nos dar uma carona depois do jantar. Gostávamos de tocar a sineta do caminhão, uma de cada vez. Oh, meu Deus, Patty. Eu te amo. Oh, Patty, obrigada. Como posso agradecer?

Os pensamentos de Patty continuaram a ser transmitidos para mim.

– Ela também ama você e sempre amará. Ela está me dizendo que você é uma parte dela e que sempre será.

Pensei que Patty estava querendo dizer que sempre estaria do lado da amiga. Não percebi que havia algo mais naquilo que ela me contava.

– Sim, está certo. Se não fosse por Patty, talvez eu não estivesse aqui agora.

– Por quê? – perguntei.

Chorando, Emma começou a contar sua história.

– Quando éramos crianças, tive uma rara doença renal e precisava de um rim para sobreviver. Devido à nossa compatibilidade e idades, Patty foi a doadora perfeita. Patty decidiu doar-me seu rim porque acabara de saber que tinha leucemia. Fizemos uma piada sobre isso. Ela me dizia que não ia precisar do seu rim no lugar para onde estava indo e que era melhor eu cuidar dele, ou ela voltaria e o pegaria de volta.

Ninguém na sala estava pronto para esta informação. Subitamente, o silêncio mortal foi quebrado por uma salva de aplausos. As pessoas aplaudiam o grande amor de uma amiguinha que dera parte de si mesma para que sua melhor amiga pudesse viver.

Depois disso, tive que interromper as leituras naquele dia. Fiquei emocionado demais – assim como a audiência – com o profundo ato de amor de Patty.

Então, como podemos ver, o amor tem um alcance tão amplo, que transcende a morte. O amor é a força mais poderosa do universo. Quando dado integralmente, ele unifica e constrói, defende e protege. É uma energia concentrada que não tem limites. O verdadeiro amor nunca é ciumento ou possessivo, nem estabelece condições. Acho que experimentamos muitas vidas para aprendermos sobre o amor e para vê-lo manifestar-se de diferentes maneiras e em diferentes circunstâncias. De que outro modo poderíamos apreciar as muitas facetas do nosso ser?

PARTE 3

O Despertar

XIII

Como Lembrar-se do Verdadeiro Eu

The eye must be something like the sun,
Otherwise no sunlight could be seen;
God's own power must be inside us,
How else could Godly things delight us?[7]

– Johann Wolfgang von Goethe,
Something Like the Sun

Estamos na véspera do século vinte e um, uma época de incríveis descobertas, tais como a comunicação global, terapia genética e muitas outras nos campos da ciência e da tecnologia. Nunca antes os seres humanos estiveram tão conectados uns aos outros, mas nunca as pessoas pareceram tão sozinhas. Para onde quer que olhemos, vemos pessoas insatisfeitas e infelizes. Elas parecem robôs autocentrados, como se estivessem apenas fingindo existir. Outras são escravizadas pela raiva, doença, depres-

[7]O olho deve ser algo semelhante ao sol, /Senão a luz solar não poderia ser vista;/O poder do próprio Deus deve estar dentro de nós./De que outro modo as coisas divinas poderiam nos deliciar?

são, medo, cobiça e ódio. Por quê? Acho que isso se deve ao sistema de valores da nossa sociedade, que se baseia em ilusões e na falsidade. Fomos ensinados a respeitar a busca de dinheiro e a acreditar que ser rico é sinônimo de ser feliz. Nos ensinaram que a riqueza é igual ao poder e que o poder pode nos realizar. Ao honrar esses deuses falsos do poder e do dinheiro, a sociedade constantemente valoriza aspectos inadequados da existência.

E as pessoas no poder? Estamos sempre colocando seres humanos em pedestais, esperando que sejam perfeitos, e, quando não são, nos sentimos traídos. Entregamos nosso poder aos outros e então, quando eles não fazem algo de que gostamos, nos sentimos vitimados. No momento em que nos declaramos "vítimas", ficamos aprisionados numa vibração de revanche. Quando vivemos com medo, raiva e ressentimento, atraímos situações que criarão ainda mais medo, raiva e ressentimento. Quanto mais envolvidos estamos na consciência do mundo exterior, mais nos afastamos do caminho do espírito.

Existe uma tremenda carência espiritual no nosso mundo. É uma fome que não está sendo satisfeita. Idealmente, a religião deveria ser o portal para nossa espiritualidade, mas muitas vezes isso não acontece. É preciso mais do que ir à igreja, rezar, cantar, pregar e dar dinheiro aos pobres para desenvolver a espiritualidade. É necessário ter uma compreensão das verdades espirituais e colocá-las em ação nas nossas vidas cotidianas. Infelizmente, às vezes as verdades ensinadas pela religião são distorcidas pela interpretação pessoal e o medo de Deus substitui o amor a

Deus. Resta a cada um de nós separar a verdade do dogma, o joio do trigo.

As pessoas voltadas para a espiritualidade sempre pensaram por conta própria, mas hoje em dia há pessoas demais esquecendo quem realmente são. Elas querem felicidade, amor e alegria, e buscam esses valores no mundo exterior. Não percebem que, embora estejamos vivendo num mundo físico e tenhamos sensações físicas, existe algo mais real e poderoso que fica dentro de nós.

Não estamos aqui para sermos escravizados pelas regras de uma sociedade envolvida com os aspectos negativos e inferiores da personalidade terrena. Temos que parar de viver uma vida baseada na culpa, preocupação e medo. Chegou a hora de voltarmos a conhecer o significado de Deus e de pensarmos em nós mesmos como seres espirituais de luz e amor.

Você é e sempre será uma fagulha do amor. Nunca esqueça disso. O seu lar é o céu, e você viaja até este mundo para fazer seu dever de casa. A vida na Terra é temporária. A chave para caminhar neste planeta é a consciência mais profunda da sua herança espiritual. Quando você vive cada dia no mundo tendo o espírito em mente, está vivendo uma vida verdadeira.

O corpo é apenas um repositório de ossos, tecidos e órgãos; sozinho, ele não tem vida própria. É a alma que dá ao seu corpo vida e expressão criativa. Quando a sua personalidade espiritual é fortalecida, você começa a experimentar a plenitude da vida.

Se queremos aprender com os exemplos do mundo

espiritual, precisamos começar a assumir a responsabilidade por cada aspecto das nossas vidas. Somos os únicos capazes de mudar nossa maneira de pensar e agir. Quando tomamos decisões que são positivas e contribuem para o nosso crescimento, mesmo quando essas decisões parecem difíceis, nos tornamos participantes ativos de nossas vidas. Então, a vida não vai simplesmente acontecer conosco. Para despertar e reconectar-se com a essência espiritual, precisamos exercitar nossos músculos espirituais, e a maneira mais eficiente é através da meditação.

Meditações

Quando estou num grande auditório, diante de centenas de pessoas, muitas vezes me dou conta de que há uma expectativa de que eu faça coisas estranhas, como as que vemos em filmes como *O Exorcista.* Apesar de muitos anos de trabalho com pessoas que possuem uma formação espiritual ou metafísica intensa, ainda fico impressionado com o fato de a maioria não saber como permanecer em seus corpos. Elas não percebem a importância de estar no momento presente, enquanto focalizam sua consciência no espírito. As pessoas parecem acreditar que, para ser espiritual, é preciso estar fora de si ou num estado alterado. Isto não é verdade. De fato, quando as pessoas "viajam" e deixam o corpo (seja consciente ou inconscientemente), elas se abrem para vibrações energéticas de qualquer nível. Na maioria, elas são alvos dos elementos mais baixos da consciência, já que eles estão mais perto da Terra. Já discuti a idéia de entidades presas à matéria. Estas entidades gostam de visitar ou de invadir nossos campos energéticos e nossos corpos.

Concentrar sua energia no espírito significa manter-se no presente, no seu corpo, e controlar seu espaço físico. Comparo isto a ser o motorista do seu próprio veículo.

A seguir, descrevo alguns exercícios para ajudar a manter o controle sobre seus pensamentos e emoções. Eles vão ajudar você a limpar e fortalecer a sua aura e a lembrar-se de quem é. Adaptei as duas técnicas seguintes da obra de um talentoso terapeuta espiritual e metafísico, meu amigo Michael Tamura. Em primeiro lugar, e mais importante, lembre-se de que tudo envolve atenção no lugar e naquilo em que você se concentra. Quando pensa em alguma coisa, você dá vida a essa coisa. Faça a meditação num local onde você não será incomodado por distrações externas, como telefones, secretárias eletrônicas, campainhas, etc. A melhor maneira de realizar qualquer meditação é sentar-se numa cadeira confortável, com as costas retas e com as plantas dos pés no chão. Isto ajuda a alinhar os chakras do seu corpo etéreo, aumentando sua receptividade às vibrações superiores.

Ligação com a Terra

Feche os olhos. Tome consciência do seu corpo. Escute o corpo. Esteja consciente de todos os movimentos do corpo. Agora, focalize na respiração, que traz uma nova vida refrescante e rejuvenescedora para os pulmões, enquanto expulsa a energia antiga e estagnada de que você não precisa mais. Respire fundo várias vezes, usufruindo de cada inspiração nova. Depois de alguns minutos respirando fundo, concentre-se no seu corpo. Esteja consciente de cada parte do seu corpo. Com os olhos da mente, sinta cada parte do corpo, começando pelos pés, depois as pernas, coxas, nádegas, área pélvica, estômago, peito, costas, mãos, braços, ombros, pescoço e cabeça. Visualize duas cordas amarradas suavemente ao redor das suas canelas. Leve essas cordas até o centro da Terra. Imagine duas grandes pedras no centro da Terra e amarre cada corda a uma pedra. Agora, amarre outra corda ao redor do seu osso sacro e direcione a corda para o centro da Terra. Encontre outra pedra e amarre esta corda nela.

Em seguida, visualize a energia da Mãe Terra. Você pode ver essa energia com a cor verde ou marrom. Veja a energia subindo pelas cordas, vindo das pedras do centro da Terra até as suas canelas. Esta energia continua a fluir pelas suas pernas e tronco e segue até o centro do seu coração. Você vai sentir sua ligação com a Terra, seu eixo centrado e estabilizado. É importante ter a energia equilibrada. O passo seguinte é trazer para o seu interior a energia cósmica.

Imagine um raio de luz branca-dourada cerca de sete centímetros acima da sua cabeça. Ela representa a luz cósmica. Faça com que esta luz cósmica atravesse o topo da sua cabeça e veja-a fluir pela cabeça, pescoço, ombros e peito. Deixe-a viajar até o centro do seu coração. Ali, a luz cósmica se mistura com a energia da Terra, formando uma força estabilizadora nova e mais poderosa. Para terminar, visualize esta energia recém-misturada subindo pela espinha, saindo pelo topo da sua cabeça e descendo pelos lados do seu corpo como uma fonte transbordante de energia. Visualize a fusão da energia repetidas vezes. Esta é a maneira de transmitir energia nova e recarregada pelos sistemas energéticos do seu corpo. Quando terminar esta meditação, você pode iniciar seu trabalho espiritual de uma maneira mais controlada e atenta.

Proteção

Como vivemos num mundo onde constantemente recebemos os pensamentos e sentimentos dos outros, precisamos nos resguardar das influências negativas que podem invadir nossas vidas diárias. Isto é especialmente útil para aqueles que são verdadeiras esponjas psíquicas e captam a energia de outra pessoa com facilidade. Muito embora seja impossível dissipar inteiramente as energias e formas mentais dos outros, esta técnica será de grande auxílio para limpá-las do seu espaço e da sua consciência.

Comece do mesmo modo que no exercício anterior. Sente-se novamente numa cadeira, com suas costas retas. Execute as técnicas respiratórias segundo as instruções. Realize todo o exercício de ligação com a Terra primeiro, porque isto ajuda a reforçar o campo da aura.

Depois de ter energizado seu campo, quero que você veja ou sinta um pequeno aspirador de pó na palma da sua mão. Você pode imaginar a forma dele. Agora, concentre-se no espaço ao redor do alto de sua cabeça. Enquanto faz isso, note o que aparece no olho da sua mente. Você vê o rosto de outras pessoas? Sente emoções que não consegue reconhecer ou que não pertencem a você? Pegue seu aspirador e limpe essas imagens e sentimentos. Você pode até mesmo visualizá-las indo pelo tubo até a máquina, se achar mais fácil. Quando o saco do aspirador estiver cheio, esvazie-o. Envie a energia de volta para quem a originou, com amor. Crie um novo aspirador para limpar cada ponto do seu campo energético. Limpe a frente, a parte de trás, os lados, o topo e a parte inferior do seu espaço. Crie quantos aspiradores forem necessários. Uma limpeza pode ser suficiente, ou várias podem ser necessárias. Continue até sentir-se muito mais leve e feliz.

Agora que removeu as energias dos outros de si, está na hora de recuperar a sua. Imagine todos os lugares onde esteve nas últimas vinte e quatro horas. Veja onde deixou sua energia. Talvez você tenha estado falando com alguém no telefone; talvez estivesse no trabalho; talvez tenha deixado a energia na escola ou numa loja. Lembre-se de todos os lugares onde pode ter deixado um resíduo da sua energia. Veja a situação e as pessoas envolvidas e pegue sua energia de volta. Traga-a de volta ao seu espaço. Veja a sua energia voltando ao seu corpo pelo topo da cabeça e fluindo pela sua espinha. Ela vem como poeira luminosa. Sinta a sua própria energia preenchendo você. É muito bom receber de volta a energia que você deu tão livremente. Quando sentir fortemente que sua energia está de volta, é hora de visualizar uma parede de proteção ao seu redor.

Você pode fazer isso de várias maneiras. Pode imaginar um manto da forma e cor que desejar envolvendo você totalmente. Pode visualizar-se dentro de uma caixa de vidro ou de pedra, com telhado de vidro. É mais difícil para pensamentos e energias penetrarem nessas paredes. Muitas pessoas preferem se envolver com luz branca, que também é uma grande proteção. Mas lembre-se, enquanto usa essas técnicas, o que está fora continua fora e o que está dentro continua dentro. Portanto, certifique-se de que limpou completamente todas as energias estranhas antes de montar uma parede de luz e proteção ao seu redor. Muitas pessoas também usam símbolos, como uma cruz ou uma estrela de seis pontas. Lembre-se de que, quando você se concentra, dá vida aos seus pensamentos. Proteja-se com sua própria intenção. Os símbolos são apenas recursos para reforçar sua intenção.

Trazendo Sua Luz para Fora

Tomar consciência da sua própria luz é uma necessidade vital e saudável para viver no mundo físico. Muitas vezes, uso esta técnica simples com pessoas que perderam o contato com sua luz interior e que acham que a vida não tem mais nada a oferecer. Depois de usar esta técnica durante algum tempo, meus clientes me disseram que suas vidas e atitudes foram alteradas para uma visão mais positiva. É uma bênção compartilhá-la com cada um de vocês.

Comece novamente com os dois exercícios anteriores. Uma vez que você tenha se ligado à Terra e se protegido, a sua mente deve estar muito mais receptiva e consciente.

Imagine-se em um banco de um jardim. Crie este jardim como quiser. Escolha talvez várias flores e árvores coloridas. Adicione um lago, uma fonte e quaisquer itens que criem o ambiente que deseja experimentar. As pessoas são diferentes. Algumas gostam de roseiras, outras podem querer margaridas. Não importa. Apenas quero que você olhe em volta e esteja no jardim da sua escolha.

No seu jardim há uma árvore ao longe. Um espelho está pendurado nesta árvore. Vá até a árvore e olhe no espelho. Agora, olhe mais fundo no espelho. Veja através da sua superfície. Entre dentro do reflexo. Ao unir-se ao seu próprio reflexo, veja-se como está no momento presente. Veja seu rosto e corpo. Observe com o máximo de detalhes que puder. Enquanto olha para o seu reflexo, focalize todas as expectativas que os outros colocaram sobre você. Veja as áreas da sua vida em que você precisa de perdão. Veja as pessoas que precisa perdoar. Traga para o reflexo todas as situações que lhe causam culpa.

Agora, traga o amor. Veja essas pessoas ou situações e coloque nelas seu amor. Veja a luz rosada do amor surgindo do centro do seu coração e tocando tudo e todos. Deixe o amor tocar também todas as partes do seu ser. O amor é você. Somos feitos de amor.

Agora, afaste-se do espelho e veja-se de pé no jardim. As flores estão maiores e mais brilhantes; os pássaros cantam alegremente ao seu redor. O céu está cheio das cores do coração, e você toma consciência de si como uma entidade amorosa e espiritual capaz de criar a vida que você deseja. Olhe para o sol e veja-o como um reflexo seu. Você é a Luz. Agora que percebeu isso, nunca poderá escondê-la novamente, pois ela precisa brilhar e contagiar todos os que você encontrar.

XIV

Guiando Nossos Filhos

And I made a rural pen,
And I stained the water clear;
And I wrote my happy songs
Every child may joy to hear.[8]

– William Blake,
introdução para *Songs of Innocence*

Uma das maneiras mais importantes de transformar nosso mundo é estimulando o crescimento e o desenvolvimento de nossas crianças. Como espíritos, nascemos em famílias com as quais temos muitos laços cármicos. Cada membro escolheu o outro como parte do seu plano de vida. Um por um, escolhemos nossos respectivos papéis de pai, mãe, irmã, irmão, filha, filho, tia, tio e assim por diante. Com todos os atores em suas posições, a peça tem início.

Criar filhos no mundo tóxico da atualidade é extremamente difícil. As crianças são expostas à violência, às drogas e ao sexo como nunca. Os valores parecem ter sido destruídos. Mas também é verdade que, ao mesmo tempo,

[8]E eu criei uma pena campestre,/E manchei a água clara,/E escrevi minhas canções felizes/Que toda criança gostará de ouvir.

embora as coisas pareçam estar ficando fora de controle, vivemos num período de incrível potencial de iluminação e expansão. As crianças podem desenvolver suas capacidades mentais muito mais rápido do que antes. O resultado são seres mais brilhantes e conscientes para construir o futuro. Quando as pessoas decidem ter filhos, têm a obrigação não só de sustentá-los num nível físico como também de desenvolver seu corpo espiritual e emocional. Nesses níveis, um bebê é como uma esponja recebendo todas as impressões presentes no ambiente que o cerca.

Portanto, os pais precisam perceber que são responsáveis pelos sentimentos e pensamentos que transmitem, porque essa energia passa diretamente para a psique da criança. Esse condicionamento é levado como bagagem para a vida adulta. Quantos de nós continuamos ouvindo mentalmente mensagens dos nossos pais, mesmo que eles estejam a milhas de distância ou já se tenham ido? Devido à forte ligação mútua, precisamos começar a ensinar aos nossos filhos dignidade, valores e prioridades, através de nosso exemplo.

Trabalhei com crianças em muitas funções, desde conselheiro de campo a professor e espiritualista, e repetidas vezes descobri que elas partilham algo em comum: elas imitam seus pais. As crianças geralmente repetem as palavras e ações da mãe e do pai. Muitas vezes, nas minhas leituras, constato que os problemas de insegurança, falta de amor-próprio e desconfiança derivam da formação. Nessas situações, os pais não cumpriram suas responsabilidades.

A seguir, descrevo algumas diretrizes que gostaria de compartilhar com você sobre a formação de uma criança numa atmosfera espiritualmente enriquecedora. Embora sejam sugestões para os pais, acredito que todos nós poderíamos usá-las, seja na posição de avós, tias, tios, professores, líderes religiosos, babás ou simplesmente como vizinhos da casa ao lado.

1. Encorajem e Alimentem a Auto-Estima

Nunca será excessivo insistir na importância de alimentar a auto-estima. Em quase todas as leituras que realizei envolvendo suicídio ou vício em drogas ou álcool, as causas estão na falta de identidade e amor-próprio. Quais são os pontos de referência que as crianças têm, a não ser os atos e palavras dos adultos ao seu redor? Como é que as nossas crianças vão saber quem são? O que dizemos a elas, pensamos sobre elas e fazemos com elas? São mensagens amorosas ou críticas? Nós validamos seus instintos ou as calamos? Se as crianças não têm compreensão e empatia em casa, elas irão procurá-las com alguém fora da família. Podemos ter certeza disso. Elas irão se voltar para a televisão, filmes e amigos, buscando algum indício de individualidade e segurança. Quando elas começarem a se identificar com influências externas e ilusórias, ficarão inevitavelmente desapontadas. Não só desapontadas como também vão crescer com atitudes e valores materialistas. A pressão dos colegas vai forçá-las a se comportarem de determinadas maneiras para que se sintam aceitas.

Sugiro aos pais e parentes que dêem o máximo de reforça positivo para as crianças. Precisamos demonstrar amor. Quando bebês, elas eram protegidas e acolhidas e sorríamos para elas. À medida que vão crescendo, não devemos esquecer de abraçá-las e de dizer-lhes que as amamos, especialmente quando no momento que começarem a vida escolar, com outras atividades e amigos. Elogios, compreensão, risos e amor fazem com que uma criança cresça para tornar-se um adulto feliz e competente. Que todos nós sejamos uma fonte de verdadeiro esclarecimento e orientação para a nova geração.

2. Conheçam Seus Filhos

Façam o máximo que puderem para se envolverem na vida de seus filhos. Se ele ou ela gosta de um tipo específico de música, interessem-se, mesmo que o ritmo seja difícil para vocês. Reservem algum tempo da semana para fazer algo especial com seus filhos. Estejam conscientes do humor e comportamento deles. Pai e mãe devem estar atentos o bastante para serem capazes de saber se um filho está tendo problemas. Tantas vezes, depois que um filho ou uma filha se envolve em problemas, os pais admitem uma falta de atenção. Estavam ocupados demais ou indiferentes demais para perceberem uma mudança no comportamento dos seus filhos, até que fosse tarde demais. Prestem atenção, confiem nos seus instintos e, acima de tudo, ouçam seus filhos e falem com eles. Ajudem a resolver suas dificuldades. Isto não só encorajará a intimidade como reforçará a confiança.

3. Sejam os Melhores Amigos de Seus Filhos

Os amigos sempre estão por perto para ajudar ou mostrar o caminho. Você pode discutir qualquer coisa com os amigos. O pai e a mãe devem conhecer seus filhos bem o bastante para serem seus melhores amigos. Estejam disponíveis para eles. Usem uma linguagem e conceitos que eles entendam, mantendo-se sempre conscientes da sua posição de pais. Ajudem seus filhos a refletir para fazerem escolhas saudáveis dos seus amigos, sem julgamentos ou condenações. Continuem a construir a confiança e a ligação criada durante a primeira infância.

4. Ensinem o Respeito Próprio e a Responsabilidade.

Isto acompanha de perto a auto-estima e a conquista da própria identidade. As crianças precisam aprender a responsabilidade, e a melhor maneira de ensinar é através do seu próprio exemplo. Vocês assumem a responsabilidade pelas suas ações ou sempre culpam alguém ou algo quando as coisas dão errado?

Nosso mundo tornou-se tão litigioso, que muitas vezes me pergunto se alguém quer assumir a responsabilidade por suas ações. Crianças precisam ser suavemente formadas nas maneiras apropriadas e saudáveis de tratar a si mesmas e os outros. Ajudem seus filhos a tomar decisões, refletindo com eles sobre alternativas e resultados. Diferenciem os resultados benéficos dos negativos. Nossas crianças captam tudo, especialmente o que vêem na televisão. Para ensinar seus filhos a serem responsáveis, primeiro dêem a eles pequenas tarefas. Quando concluídas, elogiem seu esforço e seus sucessos, e examinem os fracassos de maneira positiva, para que possam aprender com eles, aceitando suas próprias limitações e as dos outros.

5. Tenham a Mente Aberta e Estejam Conscientes da Espiritualidade

Descobri que os melhores pais são aqueles que têm a mente aberta e interesses variados. Isso lhes dá uma maior capacidade de compreensão ao oferecerem orientação. É importante que os pais compartilhem com os filhos o que aprenderam a partir das experiências já vividas.

A vida espiritual das crianças costuma ser deixada de lado ou negada. Eduquem as crianças na noção de que são seres espirituais, ajudando-as a tomar consciência dessa dimensão. Caso elas relatem "visões", ou sonhos, ou visitas de amigos "invisíveis", por favor, não digam "é só um sonho", ignorando o acontecido. Visões e sonhos precisam ser alimentados e usados. Peçam-lhes que descrevam seus sonhos, mesmo que não os compreendam. Vocês ficarão surpresos com o que os sonhos revelam, quando começarem a prestar atenção. As crianças são extremamente sensitivas e clarividentes. Acima de tudo, nunca invalidem ou desencorajem esse tipo de comportamento.

6. Lembrem-se de que as Crianças Estão Olhando Vocês

A primeira e principal maneira de ensinar alguém é pelo exemplo. Em outras palavras, ensinamos pelo modo como vivemos nossa vida. As crianças são excelentes na mímica. Tratem-se com amor e respeito se esperam que seus filhos façam o mesmo. Vocês são o espelho em que as crianças vêem refletido o mundo externo e devem demonstrar as qualidades e princípios que gostariam que as norteassem. Se um pai bebe e usa drogas, é provável que o filho faça o mesmo. Se diz palavrões e xinga os outros, seu filho deve seguir seus passos. E se a mãe castiga a si mesma, sente-se quase sempre deprimida, ou passa a maior parte do tempo trabalhando ou comprando bens materiais, e pouco tempo cuidando de questões espirituais, é previsível que os filhos imitem esse comportamento. Não só é confuso para uma criança quando os pais dizem uma coisa e agem de maneira diferente como também, depois de algum tempo, as crianças perdem a confiança neles.

7. Ensinem Seus Filhos a Serem Autoconfiantes

Uma das primeiras coisas que as crianças devem aprender é que elas vivem num mundo imperfeito. Muito embora, para nossa mente humana, a vida nem sempre pareça justa, num nível espiritual tudo o que acontece tem uma finalidade. Encorajem as crianças a usarem seu livre-arbítrio para mudar o que não gostam, de modo que o mundo possa tornar-se um lugar melhor de se viver. Mas ensine também que, como nós, elas devem começar a mudar de dentro, da sua própria consciência do Divino. Dêem a elas as chaves espirituais para uma vida feliz e plena.

8. Celebrem a Individualidade

Desde o início, façam seus filhos acreditarem que cada um deles é único, diferente de todos os seres deste planeta. As crianças nascem com sabedoria inata e talentos vindos de Deus, que são só seus. Isto não só as distingue de todas as outras pessoas como também as faz ver o mundo de uma maneira própria e exclusiva. Vocês serão capazes de ajudar a influenciar alguns aspectos do comportamento delas, mas não poderão moldá-las e formá-las exatamente da maneira que desejariam. Nunca as comparem com outras pessoas, pois isso lhes dará a falsa noção de que as pessoas podem ser iguais.

No todo, tratem seus filhos como tratariam uma flor ou uma planta. A semente da "personalidade" está na criança, mas, como qualquer flor ou planta, ela precisa ser fertilizada, regada, protegida e cuidada. Vejam a flor florescer e reconheçam sua beleza. Celebrem a energia da Força Divina que todos nós compartilhamos. Com um pouco de paciência, alegria e estímulo, vejam a sua criança brilhar.

Encorajem o amor-próprio de seus filhos, repetindo-lhes que elas são seres únicos e especiais feitos do amor de Deus. Enriqueçam e celebrem sua individualidade e sua presença nesse mundo.

XV

Chaves para a Vida Maior

> Lives of great men all remind us
> We can make our lives sublime,
> And, departing, leave behind us
> Footprints on the sand of time.[9]
>
> – Henry Wadsworth Longfellow,
> *Resignation*

Nós possuímos todos os tesouros espirituais necessários para ter uma vida produtiva, plena e feliz, e esses ideais também podem nos ajudar a alcançar um estado de consciência mais alto. Quando despertarmos para eles, nunca mais sentiremos falta de nada, já que Deus é a plenitude personificada. Há um suprimento ilimitado de amor e riquezas armazenado no Céu que pode ser trazido para a Terra.

Somos abençoados todos os dias com a presença do espírito em tudo que encontramos. Estou me referindo ao espírito interior que está constantemente preenchendo todas as necessidades e desejos. A maneira como entra-

9As vidas de todos os grandes homens nos lembram/Que podemos tornar nossas vidas sublimes,/E, ao partir, deixar atrás de nós/Pegadas nas areias do tempo.

mos em contato com esse espírito é escolha de cada pessoa. O que colocamos em movimento volta para nós. Lembre-se de que estamos sempre nos movendo através de um mar invisível de pensamentos. Deus sempre nos dará o que pedimos de acordo com nossos pensamentos.

Se nossos pensamentos estão ligados à pobreza e à doença, atrairemos essas condições para nós. Se elevarmos nossos pensamentos a um nível de freqüência superior, recolheremos harmonia e abundância.

É natural que todos vivam uma existência completamente harmoniosa e plena. Então, se alguém não vive deste modo, é preciso reavaliar seus pensamentos para descobrir a razão. É preciso pensar da maneira mais positiva possível para que possamos ajudar a nós mesmos e aos que nos cercam, sejam eles entes queridos ou estranhos.

O mundo externo é um mero reflexo do mundo que você criou interiormente.

É você quem cria suas próprias circunstâncias. Quando compreender isso, nunca mais será vítima de situação alguma. A seguir estão algumas chaves que podem ajudar a elevar seus pensamentos. Durante minha vida, usei-as como um mapa do tesouro para encontrar a mim mesmo. Espero que você também aprenda a usá-las e a torná-las uma parte integral da sua vida, para abrir a caixa do seu tesouro interior.

Paciência

A paciência é um recurso raro nos dias de hoje. Todo

mundo parece querer tudo no exato momento! Comportamentos impulsivos e agressivos são valorizados especialmente nos negócios, no esporte e na mídia. Mas, realmente, nós perdemos o barco espiritual, por assim dizer, quando tentamos fazer as coisas acontecerem. Tudo chega até nós na hora certa. Isso não significa que devemos nos tornar apáticos ou ignorar as oportunidades quando elas aparecem. Pelo contrário! Quando você é paciente, você realmente assume o controle do seu ambiente. Você decide a hora apropriada de agir, e o momento de esperar, para abarcar o máximo de possibilidades disponíveis. A paciência ensina o autocontrole através da conservação de energia. Com esta energia, você tem o poder de tomar decisões que são para seu próprio bem. Sempre sugiro ao estudante "meditar sobre o assunto" antes de agir, para deixar que o espírito surja com orientação e informações.

Quando você age ou reage com impaciência, pode prejudicar uma situação ou um processo. Às vezes, o melhor é não fazer nada e deixar a situação amadurecer e se desenvolver de uma maneira natural. À medida que você aprende a ser mais paciente, irá sentir menos estresse, o medo da vida vai diminuir e você passará a prestar mais atenção às suas decisões.

Sabedoria

A sabedoria consiste na percepção de que a consciência divina está dentro de você, e que todo o amor, luz e poder do infinito estão à sua disposição. Para ser sábio, é preciso estar plenamente consciente das leis do universo e viver a sua vida totalmente de acordo com essas leis universais. A sabedoria não vem dos livros, mas das experiências de vidas acumuladas. Cada experiência é embebida na consciência da sua alma para ser aperfeiçoada através das suas vidas na Terra. Pode parecer uma ironia, mas, quanto mais sábio você se torna, mais percebe o quão pouco realmente sabe.

Coragem

Para ter coragem, você precisa acreditar em si. Não estou falando sobre uma atitude egoísta; estou me referindo a uma crença no poder que existe dentro de você.

Uma pessoa corajosa está consciente do quadro maior e conhece o plano divino. Com confiança e perseverança, todos nós podemos ter a coragem de ouvir a voz interior e segui-la. Uma pessoa que possui coragem está disposta a abrir seu coração aos outros e expor-se às mudanças imprevisíveis da vida.

Com a coragem, temos sempre a capacidade de enfrentar obstáculos, porque sabemos que possibilidades infinitas estão sempre presentes. A coragem nos dá a confiança de que precisamos para seguir nossos corações, independente de quaisquer influências externas que pareçam bloquear nosso caminho.

Equilíbrio

O equilíbrio é outra qualidade que parece estar ausente da vida de muitas pessoas no ritmo acelerado do mundo atual. Parece muito mais fácil deixar as partes inferiores da nossa natureza dominarem e prevalecerem. Para trazer o equilíbrio às nossas vidas, precisamos harmonizar a personalidade material ou terrena com a personalidade espiritual. A ênfase excessiva em qualquer parte do nosso ser, seja no emocional, mental, espiritual ou físico, tende a nos enfraquecer, em vez de nos fortalecer. Quando estamos desequilibrados em qualquer área da vida, tendemos a agir a partir do medo, em vez de seguir o amor.

Discernimento

Atualmente é preciso muito discernimento para ver a verdade nas coisas. Muitos ficam presos a detalhes e são incapazes de perceber o todo. Quando você se apressa em criticar e julgar, sem dispor de todos os dados de uma situação, aprende muito pouco. Sugiro que você sempre questione o que está por trás de qualquer pessoa ou situação para certificar-se de que há uma verdade espiritual no núcleo de tudo.

Fé

Todos nós ouvimos a expressão "tenha fé". Mas a fé é etérea e difícil de agarrar. Mais uma vez, é a consciência de que sempre recebemos tudo o que desejamos e de que precisamos. A fé é uma crença na natureza invisível do universo. Ela segue de mãos dadas com a confiança. Quando temos fé em nós mesmos e em Deus, sabemos que estamos seguros e somos amados, e que nunca estaremos sozinhos. Acreditamos na nossa natureza espiritual e sabemos que todas as coisas são possíveis através do pensamento criativo. Aprenda a ter fé e confiança na luz da sua alma.

Criatividade

A criatividade é a capacidade de formar idéias, sentimentos e expressões capazes de transformar o mundo físico de uma maneira ou de outra. É um componente da luz divina da qual todos somos feitos, e não se limita a artistas, músicos ou escritores. Portanto, todos nós somos criativos e podemos usar essa energia divina em tudo para tornar a vida mais fácil. Sempre que existe um problema nos relacionamentos, na família, na carreira, nas finanças ou em qualquer parte da vida cotidiana, temos a capacidade de resolver a situação através da nossa fagulha criativa. Deus é uma fonte abundante de idéias e expressões. Sempre há uma maneira de aliviar nossa carga. A criatividade também dá vida: ela liberta blocos de energia em nossos vários corpos e nos ajuda a manter o equilíbrio. Quando usamos a criatividade, usamos a energia da Força Divina na sua mais elevada manifestação, especialmente quando empregamos a criatividade para o bem maior da humanidade.

Riso e Alegria

Corre-se o risco de igualar espiritualidade com severidade. Mas ser disciplinado espiritualmente não significa ter de viver uma vida séria. Tenho visto que as pessoas com senso de humor têm mais alegria e trazem mais alegria para os outros. Ver o lado melhor e mais leve da vida em todas as coisas ajuda a manter a criança interior viva e feliz.

Se estamos vivendo com a presença de Deus, é natural que expressemos essa consciência com alegria, risos, entusiasmo e felicidade.

Afinal, como podemos dar tanta importância ao denso mundo material? Lembre-se de que nosso corpo espiritual é leve e flutuante; só o mundo físico é pesado e estagnado. Por que atolar-se em condições terrenas temporárias? Quando descobrimos o amor e o deleite do mundo de Deus, experimentamos as alegrias do espírito.

Amor

O amor é o principal componente da vida. Ele unifica tudo e atrai para nós todo o bem. Através do amor, ficamos mais conscientes e sensíveis às necessidades dos seres humanos. Vemos a unidade, a igualdade e a fagulha divina em cada pessoa. A começar por nossa família, amigos e colegas. Podemos amá-los, mesmo se acharmos que eles fizeram algo de errado. Estaremos presentes e disponíveis para eles. É assim que demonstramos nosso amor.

O amor é a coisa mais próxima ao céu que existe neste mundo. O amor revela Deus. Este poder divino, confortante e curativo é o princípio da construção de tudo o que existe na Terra. Sem amor, não temos nada. Deixamos de existir.

O caminho espiritual nem sempre é fácil; ele estará inevitavelmente cheio de desvios ou becos sem saída. Mas, lembre-se, nele você nunca viaja sozinho. Sua família iluminada e os guias do mundo espiritual estão sempre com você, oferecendo segurança e orientação.

Estamos aqui para manifestar o amor divino em tudo o que fazemos. Muitas vezes parecerá mais fácil seguir os desejos da personalidade inferior, mas seja paciente. Não se entregue às ondas da consciência coletiva. Procure a verdade, mesmo quando muitos tentarem encher sua cabeça e seu coração com falsidades. Nunca comprometa seus ideais espirituais, porque isso atrasa o seu progresso. Nunca esqueça de que somos todos eternos filhos de Deus.

Acima de tudo, siga seu coração e seja fiel a si. Nunca viva a vida de outro. Você pode criar sua própria estrada. Lembre-se de que você tem a responsabilidade de ser o melhor que puder ser, e para isso mantenha sua mente e coração abertos para os aspectos superiores do seu ser. Somos a luz. Que possamos ser preenchidos pelo espírito enquanto realizamos a jornada na Terra.

Use a consciência espiritual para encorajar e confortar todos os que estão no seu caminho. Quando elevamos, iluminamos e amamos os outros, ajudamos aqueles que estão aprisionados nas suas próprias ilusões, julgamentos e concepções errôneas. Mostramos a eles as chaves para que descubram sua própria luz interior e reforçamos ao mesmo tempo a nossa.

Que a sua luz brilhe até os confins da Terra para que todos possam vê-la. Quando o fizer, a sua jornada aqui terá valido a pena. Então, você poderá voltar ao Céu com a certeza de ter feito a sua parte para trazer a energia de Deus para a Terra. Vai saber que você, uma alma, fez do mundo um lugar melhor.

Bibliografia

Bendit, L.J. *The Etheric Body of Man: The Bridge of Consciousness.* Wheaton, Ill.: Theosophical Publishing House, 1982.

Besant, Annie. *Man and His Bodies.* Wheaton, Ill.: Theosophical Publishing House, 1912.

Edwards, Harry. *Life in Spirit.* Grã-Bretanha: Harry Edwards Spiritual Healing Sanctuary Trust, 1976.

Goldsmith, Joel S. *Living Between Two Worlds.* Austell, GA.: I-Level Publications, 1974.

Guiley, Rosemary Ellen. *Harper's Encyclopedia of Mystical and Paranormal Experiences.* Nova York: Harper Collins, 1991.

Hall, Manly Palmer. *Reincarnation: The Cycle of Necessity.* Los Angeles: Philosophical Research Society, 1946.

Hampton, Charles. *The Transition Called Death.* Wheaton, Ill.: Theosophical Publishing House, 1982.

Kardec, Allan. *Book on Mediums.* [O Livro dos Médiuns.] Boston: Colby and Rich, 1874.

Lewis, James R. *Encyclopedia of Afterlife Beliefs and Phenomena.* Detroit: Gale Research, 1994.

Montgomery, Ruth. *A World Beyond.* Greenwich, Conn.: Fawcett, 1971.

Perkins, James S. *Through Death to Rebirth.* Wheaton, Ill.: Theosophical Publishing House, 1982.

Riland, George. *The New Steinerbooks Dictionary of the Para-normal.* Nova York: Rudolf Steiner Publications, 1980.

Wambach, Helen. *Life Before Life.* Nova York: Bantam, 1979.

Weiss, Brian L. *Muitas Vidas, Muitos Mestres.* Rio de Janeiro: Salamandra, 1990 / Sextante, 1998.

White Eagle. *Spiritual Unfoldment 3: the Way to Inner Mysteries.* Grã-Bretanha: White Eagle Publishing Trust, 1987.

Whitton, Joel L., e Fisher, Joe. *Life Between Life.* Nova York: Warner, 1986.

Zubkon, Andy, *Treasure of Spiritual Wisdom.* San Diego: Blue Dove, 1996.

De James Van Praagh:

Em Busca do Perdão

"As histórias e reflexões deste livro têm por objetivo desenvolver em você um dom que todos recebemos, mas que a rigidez de nossa formação muitas vezes bloqueou: o dom de perdoar, de ter compaixão e de tratar a si e aos outros com amor.

Quero ajudar você a fazer as pazes com sua consciência, a se livrar da culpa e a tornar o mundo à sua volta mais hospitaleiro, sem a pressão de julgar nem de ser julgado. Um mundo no qual podemos expressar o amor e a nossa espiritualidade.

Para isso ofereço também essas meditações que têm o poder de curar e de transformar, cultivando em você uma nova consciência voltada para o crescimento e para a felicidade."

Inclui um CD com exercícios de meditação

Conversando com os Espíritos

Neste livro, você compartilhará diversas histórias pessoais e tocantes sobre a comunicação depois da morte, como a da mãe que reencontra esperança e razão para viver nas palavras meigas, mas corajosas, de sua filha, vítima da AIDS. O que estes espíritos contam sobre si mesmos, sobre um maravilhoso lugar de paz e de luz e sobre laços eternos de amor nos inspira e enche de emoção.

Consciente da dor e angústia que a morte causa, Van Praagh oferece meios de lidar com o sofrimento e a perda de maneira positiva e saudável. Ele mostra como você pode entrar em contato com o reino espiritual, conhecendo seus espíritos-guias e identificando os sinais espirituais que seus entes queridos estão sempre enviando para você.

De Daniel Goleman:

A Arte da Meditação

Aprenda a tranqüilizar a mente e a relaxar o corpo, a aliviar as dores físicas, a fortalecer seu sistema imunológico e a desenvolver a percepção e o poder de concentração. Daniel Goleman, o consagrado autor de *Inteligência Emocional*, ensina a alcançar esses benefícios através de tradicionais técnicas de meditação adaptadas à vida moderna. Inclui CD com quatro tradicionais técnicas de meditação: *Meditar Respirando, Meditar Relaxando o Corpo, Meditar Concentrando* e *Meditar Caminhando.*

De Brian L. Weiss:

A Divina Sabedoria dos Mestres

"Este livro vai descrever a sabedoria espiritual presente em nossa jornada desde antes do nascimento até a morte e depois dela. O que pode nos ajudar e o que pode nos atrapalhar. O que pode nos abrir portas e o que pode fechá-las. O que eu tenho aprendido em meus reencontros

Acredito que o maior objetivo de nossas vidas é atingir o conhecimento íntimo de que somos almas imortais, trazidas a esta grande escola chamada Terra para aprender lições sobre amor, compaixão, paciência, equilíbrio e harmonia, não-violência, fé e esperança. Não posso dizer que aprender nesta grande escola seja fácil. Para se tornar iluminado e feliz é preciso muito trabalho.

O que eu posso dizer é que se você ler este livro cuidadosamente, com a mente aberta e o coração repleto de amor, você estará andando na direção certa. Cada passo que você der será sagrado."

Muitas Vidas, Muitos Mestres

Muitas Vidas, Muitos Mestres conta a surpreendente e controvertida história do Dr. Brian Weiss e seu trabalho com a paciente Catherine, que, apesar de tratada durante 18 meses com a terapia tradicional, só apresenta cura satisfatória ao regredir às suas vidas passadas.

Meditando com Brian Weiss

A Busca do Equilíbrio, da Cura e da Espiritualidade

O mundo de hoje invade nosso cotidiano e até mesmo os momentos de descanso e prazer com pressões e demandas que se acumulam, tumultuando nossa mente. Torna-se cada vez mais difícil nos voltarmos para dentro de nós mesmos, tentando iluminar nosso íntimo e visualizar a causa de nossas angústias.

Através da meditação, vivenciamos uma beleza interior que nos faz repensar tudo o que nos rodeia e a nós mesmos. Que nos faz confiar na capacidade – que de fato possuímos – de utilizar e direcionar nossas energias para a purificação de nossos corpos e mentes, para a descoberta e o desenvolvimento de nossa espiritualidade.

Inclui CD com os exercícios de *Relaxamento Profundo* e *Meditação para Cura.*

A Cura Através da Terapia de Vidas Passadas

Relatando casos reais ocorridos em seu consultório, o Dr. Brian Weiss mostra como a terapia de regressão pode curar as dores físicas, o pesar pela perda de pessoas queridas, os relacionamentos conflitivos e os mecanismos nocivos de defesa, ajudando-nos a criar relações amorosas, desbloquear talentos reprimidos e transformar nossa visão da vida e da morte.

Só o Amor É Real

Só o Amor É Real descreve o drama da procura de almas gêmeas – duas pessoas que estão marcadas para todo o sempre pelo amor que tiveram em outras encarnações e que percorrem vidas e vidas, sempre buscando uma à outra.

De Monique Le Poncin:

Pense Melhor, Viva Melhor

Um guia prático de ginástica cerebral

Sabemos que só usamos uma parte mínima do nosso potencial cerebral. O resto fica em silêncio. A *Ginástica Cerebral* apresentada neste livro é capaz de reativar zonas adormecidas e mobilizá-las, ampliando as capacidades cerebrais e – este é o seu maior objetivo – mantendo o cérebro jovem e ativo.

Praticando regularmente os exercícios deste livro, você logo sentirá o crescimento de seu desempenho intelectual, bem como maior confiança em suas capacidades e aptidões. Perceberá, a curto prazo, que está mais alerta, com a curiosidade aguçada e com maior disposição.

De Mitch Albom:

A Última Grande Lição

Talvez tenha sido um avô, um professor ou um amigo da família. Uma pessoa mais velha, paciente e sábia, que se interessou por nós e nos compreendeu, quando éramos jovens, inquietos e inseguros. Uma pessoa que nos fez olhar o mundo de uma perspectiva diferente e nos ajudou com seus conselhos a encontrar nossos caminhos. Para Mitch Albom, essa pessoa foi Morrie Schwartz, seu professor na universidade.

Talvez, como Mitch, você tenha perdido o contato com seu grande amigo. Você seguiu pela vida, as lições foram se apagando... Você não gostaria de reencontrar essa pessoa para tratar das grandes questões que ainda lhe causam angústia, tal como fez em sua juventude?

Mitch Albom teve essa chance vinte anos depois de deixar a universidade. Ele redescobriu Morrie nos últimos meses de vida. Visitou-o durante quatorze terças-feiras, até a sua morte. Nesses encontros, trataram de temas fundamentais para a felicidade e a realização humana. Foi essa a última grande lição: um ensinamento sobre o sentido da vida.

De Richard N. Bolles:

Qual a cor do seu pára-quedas?

Como conseguir um emprego e descobrir a profissão de seus sonhos

Segundo Richard Bolles, os caçadores de emprego dividem-se em dois grupos: aqueles que querem achar um emprego o mais rápido possível, mesmo se o trabalho não corresponder àquilo com que sonhavam, e aqueles que têm tempo, paciência (e dinheiro) para enfrentar a caça ao emprego de maneira mais seletiva, com o objetivo de atender suas expectativas de profissão ou de trabalho.

Considerado a Bíblia sobre a caça a empregos e "o mais completo guia sobre emprego e carreiras que existe", *Pára-quedas* foi apontado pela Biblioteca do Congresso americano como um dos 25 livros que marcaram a vida dos leitores, tendo orientado milhões de pessoas a encontrar o seu caminho profissional.

De Nick Bunick:

Os Mensageiros

O livro narra a história real de Nick Bunnick, bem-sucedido empresário americano que, através de sessões de regressão, descobre ter sido a reencarnação do apóstolo Paulo, descrevendo sua convivência e amizade com Jesus desde o início de sua vida pública até a crucificação, a experiência na estrada de Damasco e o engajamento na pregação da autêntica mensagem cristã.

De Elisabeth Kübler-Ross:

A Roda da Vida

A fascinante e comovente autobiografia da médica que fez de sua profissão um ato de amor. Elizabeth Kübler-Ross é a mulher que transformou a maneira como o mundo vê a morte, trazendo imenso consolo e esperança para os doentes em estado terminal e para seus entes queridos.

Neste livro que se lê como um romance, Kübler-Ross exorta-nos a viver plenamente e a amar. Sua história é uma aventura do coração, vigorosa, controvertida, inspiradora, um legado à altura de uma vida extraordinária. Uma leitura interessantíssima e indispensável para alimentar a fé e a esperança no ser humano.

De Jennifer James:

Vinte Passos para a Sabedoria

Este livro nos ensina um caminho para atingir a sabedoria, descrevendo os primeiros vinte passos, que vão do despertar à transformação. Eles se baseiam nos passos seguidos por quase todas as tradições religiosas e filosóficas, apresentados por grandes pensadores e profetas.

Jennifer James nos ensina meios práticos de buscar a sabedoria. Em um mundo que parece ter perdido o seu rumo, esta pequena obra é capaz de recuperar a magia e o sentido da vida, guiando-nos numa viagem da qual voltaremos transformados.

De Fadynha:

Meditação para Gestantes

Uma obra fundamental para que uma gravidez saudável e um parto feliz tenham reflexos positivos na criança que vai nascer. A autora registra sua experiência de trabalho durante 20 anos, com mais de 7.000 grávidas, neste livro que vai abordar as principais questões ligadas à gestação. Nele estão descritas as características de cada período da gravidez, com todas as medidas capazes de evitar desconfortos e ansiedades. Estão indicados os procedimentos para garantir a saúde física e emocional da gestante – ioga, relaxamento e meditação – e a forma de praticá-los, estabelecendo uma relação amorosa e pessoal com a criança que se desenvolve no útero.

O livro é acompanhado de um CD com meditação que, realizada regularmente, contribuirá para a serenidade da gestante, a participação do pai no processo e o bem-estar do bebê.

De Yitta Halberstam & Judith Leventhal:

Pequenos Milagres

Um avião cujo embarque você perdeu e que sofre um acidente. Um encontro inesperado com alguém que traz solução para um problema que nos angustiava. Um objeto que parecia definitivamente perdido e é encontrado.

Pequenos Milagres é uma coletânea de mais de cinqüenta dessas extraordinárias, comoventes e enternecedoras histórias. Sua leitura nos ajuda a ficar atentos para percebermos estes momentos e entendermos seu significado. Quando incorporamos às nossas vidas o sentido dessas "coincidências", estamos nos abrindo para as possibilidades enriquecedoras, as bênçãos e o sentido de harmonia com o universo que elas proporcionam.

Eventos de James Van Praagh no Brasil

Para receber informações sobre as palestras e seminários de James Van Praagh no Brasil e sobre os próximos lançamentos da Sextante, queira entrar em contato com nossa Central de Atendimento, dando seu nome, endereço e telefone para:

Sextante

Av. Nilo Peçanha, 155 - Gr. 301 - Centro

20020-100 - Rio de Janeiro - RJ

Tel.: (021) 524-6760 - Fax: (021) 533-1622

DDG: 0800-22-6306 (ligação gratuita)

E-mail: salvend@openlink.com.br